わが子に教える作文教室

清水義範

JN275635

講談社現代新書

1810

はじめに

本書は、三十回にわたって「週刊現代」に連載したものをまとめており、連載時のタイトルは「『作文親父』星一徹」というものだった。その雑誌には、そんな少し遊んだタイトルのほうが似合う、と思ったからだ。

「巨人の星」という有名な漫画から、主人公星飛雄馬の父の名を借りたのは、あの父がわが子にひたすら野球の指導をする人物だったからだ。つまり、わが子を指導する父、の意味で星一徹の名を借り、あなたも作文においてああいう親になり、子供を導いてやりましょう、という意味を込めたのだ。

ただし、星一徹の名で言いたいのは、子を指導する親、のことなのだから、父親に限るものではなく、母親でもいいのである。要するに、「わが子を作文上手にする、親の指導法」を書いてみた。

このたび、講談社現代新書の一冊に加えてもらうことになり、新書には内容がよくわかるタイトルのほうがよいだろうと考え、改題した。

さてそこで、改題したのなら、この本の中に星一徹は出てこなくていいわけなのである。その、モーレツ野球親父を引き合いにして、作文指導法を語る理由はなくなったのだから、星一徹をからめて語っているところは削ったほうがいいわけだ。そのほうが新書という、どちらかと言えば真面目な本には似つかわしく思える。

ところが、トライしてみたのだが、星一徹をうまく消すことができないのだ。消すためにはかなり大幅に書き変えなければならなかったり、無理して消すと、せっかくあった面白味がなくなったりするのだ。

つまり、ざれごとのように始めた、作文指導の星一徹になりましょう、というアイデアに私は大いにノッて、そのせいで軽妙に、堅苦しくならずに書けていたのだ、ということがわかった。

そこで、この場でそういう事情説明をすることで、読者には了解していただくことにした。この書き方によってライトな味わいが出ているのだと、どうかご理解下さい。

というわけで、あなたのお子さんの作文を上達させる方法をあれこれ考えたのが本書である。小学生の作文指導歴十数年の私が、これまでなんとなく感じていたあのことやこのことを、知恵をしぼって一冊にまとめてみた。具体的にまず何をしろ、から書いてあるので、必ずや役に立つはずである。

それから、この本の中には具体例を示すために、小学生の書いた作文がふんだんに出てくる。決してうまいものだけを選《よ》りすぐったのではなく、話を進める必要上、わざとへたな作文を紹介しているようなこともあるのだが、それでも子供の作文を読むのは楽しいってことに、皆さんも気がつくと思う。心が動いている子供が、なんとかそれをひとに伝えようとして、言語という人間しか持っていない手段で表現しているのだ。それってやはり感動的なことなのである。

さあ、本書を読んで、あなたもわが子に作文の指導をしてやろうではありませんか。

目次

イラスト／浅賀行雄

第1回　まずは書かせる法

あなたのお子さんを、作文の上手な子にしましょうよ、という講座である。ただし、この講座を、お子さんに読ませましょう、ということではない。

読むのはあなたで、あなたがわが子を作文上手になるように指導するのだ。そのための指導法を、子供への作文指導歴十数年の私が、こと細かくレクチャーする。なるべく具体的に、こんな教え方をするんです、の実例を並べていく予定だ。

子供を直接指導する親になりましょうよ、というところから、星一徹なんていう名前が出てきた。漫画「巨人の星」の、星飛雄馬の父の一徹である。わが子を一流の野球選手にするために、厳しいトレーニングをさせ、千本ノックをし、大リーグボール養成ギプスを考案し、時には敵にもまわったあの父親だ。要するに、わが子を指導する親、の意味である。作文における星一徹になってもらおう、だ。そのために、どんな養成ギプスがあるか、などのことは私が教える。

ただし、わが子を指導する親、の意味で星一徹の名を使っているだけだから、別に父親に限定しているわけではない。お母さんが作文の星一徹になるのも、大いにありである。国語の先生が、気に入った指導法を取り入れてくれるのも歓迎だ。

指導の対象の子供を、とりあえず小学生に限定して始めよう。中学生ぐらいになると、もう親に言われて素直に作文を書くというのがむずかしくなるからだ。高校生などはもう親の相手になってくれない。

子供がまだ言うことをきいてくれる小学生の時に、お父さん（お母さん）と作文で遊ぼう、と誘って知らず知らず指導してしまうのだ。そしてその体験は実は親の文章力のためにも役に立つはずである。

そこでまずは、子供に作文を書かせるにはどうしたらいいか、である。さあ書け、と命令すればいいのだろうか。学校の先生が書けと命じれば子供はやむなく書くけど、親が相手だと、そんなのいやだい、と反抗するケースもあると思うのだが。

星一徹を思い出してみよう。あの家は貧しそうだったが、ボールやバットやグローブはあり、生活全体が野球づけのようだったではないか。あの環境でなら飛雄馬もボールに手を出すのだ。

同じことである。私に対して、うちの子は本を読まないんですが、どうすれば本を読むようになるでしょう、と質問する親御さんがいる。そうきかれると私は、いつもこう答えるのだ。

「あなたは本を読んでいますか。家に本はありますか。子供は親と同じことをしたがるものですから、親が本を読んでいる姿を見ていれば、必ず読むようになると思うんですが」

文章を書くのだって同じことである。親が書いている姿を見ていれば、必ず子供は書きたがるのだ。お父さん、もしくはお母さんから手紙をもらえば、進んで返事を書くものである。

家の中で、親と子の通信文のやりとりを始めてみよう。まずとっかかりには、次の休日をどうすごしたいか、みたいなことについて双方が文章を書くのだ。親としては、体を休めたいからそんなにハードには活動したくないのだが、なんて本音を書いて子供にぶつけるのだ。

そうすれば子供は、だったら映画でいいとか、でもハイキングがしたい、と返答を書くではないか。

親子の対話を文章でするという遊びに、うまく子供を引っぱりこむのである。

あのマンガ本を買ってほしいとか、あのゲームがほしいなんて子供が言うとする。その時、そのマンガやゲームがほしい理由を二百字で書いて、それを読んでなるほどと思ったら買ってあげる、と言ってみよう。必死で説得力のある文章を書こうとするはずである。

もちろん、それに対する返事を親も書く。お前の文を読んで、ほしい理由はよくわかったが、こちらにはボーナスが出るまで待ってほしいという事情があるのだ、というのを書こう。

実はそういう、半ば遊びのようなやり方によって、とても大きなことが教育されるのである。文章を書くってことは、思いを伝えるためのことで、うまく書けば読み手を動かせるんだな、ということが知らず知らずにわかってくると思うのだ。文章を書くってことの根本にあるのは、対話なのだ。

ものを買ってとねだられて、ダメだよ、我慢しろ、と命じるだけというのは、対話の拒否である。対話のない家で、どうして子供が作文を書こうとするだろうか。

だから、子供の誕生日には、〝十歳になった××くんへ〟というような祝いの手紙を書こう。そうすれば、お父さん（お母さん）の誕生日に手紙をちょうだいと言えるし、子供はもっともだと思って書くはずである。そして、子供からもらったその手紙を、折りたたんででいいから写真立てに入れて、机の上に飾っておきましょう。

教育にとってうまいやり方は、楽しませちゃうことである。やりたくないことを無理強《むりじ》いされるのは楽しくない。そういうことが勉強なんだと子供は思っているから、勉強が嫌いなのだ。

親と心を通わせる、ということならば、それが嫌いだという子供はいないのだ。お父さん（お母さん）がこっちに文章で接してくれるなら、子供は文章で応じようとするに決まっている。

というわけで、私がすすめる最善の作文環境作りは、「××家通信」というものを作ろう、である。あなたの家の、家族全員が、短文を書いてB４一枚の通信紙にまとめるのだ。

父は、仕事が忙しくて犬の散歩をサボっていたらおなかが出てきて反省中、なんていう短文を書く。母は、秋の紅葉のシーズンだけど、新婚の頃に旅先で見たあの紅葉の美しさが忘れられない、なんてことを書く。そして子供は、今ぼくがハマっているゲームはこれで、ここがすごくおもしろい、というような作文を書くのだ。

大人は日々の生活に忙しいというのはわかるが、せめてそういうものを月に一回作ることにしよう。

それぞれの作文を、切って並べてレイアウトすればいい。子供の作文は字が大きいのでスペースをとるが、会社のコピー機の縮小機能を使えばいい。通信文をレイアウトして、タイトルをつけて、会社のコピー機で家族の人数分だけコピーしたら完成だ。コピー機の無断使用については、サービス残業を三十分もやれば許されるのではないかな。

そして父と母と子が、その家族通信を一枚ずつもらうのだ。

ちょっと考えてみればわかることなのだが、子供にとって、お父さんもお母さんもいっしょになってみんなで何かを作るというのは、この上ないぐらいに心躍ることである。書けば必ず、お前の文章はヘタだな、と言われるのなら楽しくないが、家中でうまくできたと喜んでいるなら、きっといやがらずに書くであろう。

そこから、作文親父の指導はさりげなく始まるのである。子供の作文をやたらにけなしてはいけない、というような細かな指導法は、この先おいおいに語っていく。

会社でならやむなく企画書や依頼書を書いているお父さんが、子供の作文力が高くなるきっかけの短文を書けないわけがないと思う。お母さんだって、この本に手が伸びたということは、本当は何か文章を書くことが好きなんでしょう。

そこへ、お子さんを巻きこんでしまうのが、まず最初の一歩である。

第2回　原稿用紙にたて書きで

子供の作文というのは楽しいものである。正直なところを言うと、私はそんなに子供好きではない。子供さえ見れば、うわー可愛い、と反応する人も世の中にはいるが、私にはそれがない。時には、うるさいのが近くに来たから避難しよう、なんて思うほうだ。

だが、そんな私でも子供の作文を読む時は、優しい顔つきになっている。どんなにへたな作文でも、それはそれでいい。子供にも心があって、その心が躍っているのが伝わってきて、ホッとするのだ。

私が子供の作文を読んできたわけは十二年間にわたって、小学生の作文教室、というのをやっていたからだ。名古屋で学習塾をやっている弟のところでそういう教室を開いていた。だからそこへ通える名古屋の小学生しか入れない教室だが、十二年間でのべ二百人ぐらいの小学生たちを指導した。

子供の作文が、東京に住む私のところへファクスで送られてきて、添削と指導をつけて返す、というやり方だった。その教室は、二〇〇四年の三月をもっていったん終了ということになったのだが。終りになった理由は、弟の三人の娘がすべて中学生以上になって教室からいなくなり、当初の目的は達したな、という気持になったからである。

たとえば、ひとつ小学生の作文をお目にかけよう。特別の名作というわけではないが、読んでいい気分になる作文である。

へびをさわった！

二年生　女子

今日、『どうぶつ園サマースクール』で、どうぶつの、べんきょう（むずかしくないけども）と、もちかたを教えてもらいました。

わたしは、『コーンスネーク』と、『ヒョウモントカゲモドキ』と、『うさぎ』と、『モルモット』と、『草ガメ』をさわりました。

あと、『アヒル』をみました。

『コーンスネーク』という名前のわけは、よく、とうもろこしばたけに、よくいるからです。『スネーク』のいみは、『へび』だそうです。

『ヒョウモントカゲモドキ』は、『ヒョウ』のがらに、にているからです。『モン』は、点のことです。『トカゲモドキ』は、『トカゲ』に、にてるけど、『イモリ』のなかまです。だけど、『きゅうばん』がありません。
わたしは、ぜんぶ（あひるはぬいて）さわりました。
とてもたのしかったです。

二年生でこれが書ければ上等である。見たりさわったりしたもののことを、できるだけ説明しようとしているのがこの作文のよさだ。習ったことをちゃんと理解している。「よく、とうもろこしばたけに、よくいる」というのは言葉がダブっているが、子供の作文にはしばしばあることだ。こういう小さいことに文句をつけてはいけない。それより、『　』や（　）の使い方が、ややうるさいけれど完全であることをほめてやるべきだ。

この子は、動物スクールがすごく楽しかったのだ。楽しかったからこそ、知ったことをくわしく書こう、という気になっている。その意欲が感じられるので、いいじゃないか、と言ってやりたい作文になっているのだ。

さて、あなたが作文における星一徹になって、お子さんの作文を指導する番だ。

子供を、作文を書く気にさせたとする。そうしたらまず、その子が書き始める前に、言ってほしいことがある。

それはこういうことだ。

「作文は、必ずたてに書こう」

これは小さなことのようだが、非常に重要である。

自分の作文教室とは別に、私はある学習雑誌の六年生用のもので、全国の六年生の作文を募集して、誌面に紹介していくという連載を二年間したことがある。毎月六年生の作文がどっと寄せられるのだが、そのざっと三割ぐらいが、横書きの作文だった。中には、はがきに横書きの作文なんてものまであった。

今現在、日本語の表記はどんどん横書き派の方向に進んでいると言っていいだろう。小学生も大いにやっている携帯電話を使ったメールが、横書きの手紙だ。あれに大いになじんでいれば、たて組みより横組みのほうが読みやすい、ということになって当然である。

ワープロというものがそもそも、たて組み表記を選ぶことも可能だが、もともとは横組みが基本に作られている。

そんなわけで、インターネットでいろいろなホームページを見ていって、文字がたて組みになっている例にぶつかったことがない。全部横組みだ。

小学生の目に触れる教科書を見ても算数と理科は文字が横組みである。高校生になると、日本史の教科書はたて組みでも、世界史は横組みだ。

それぐらいみんな、横組みの日本語になじんでいるのだ。横組みの文章は読みにくいから、たてに組んでほしいと言ってるのは老人だけ、ということになっている。

しかし、だからこそ作文親父としては、作文はたてに書こう、と教えてほしいのだ。なぜなら、それが日本語の本来の表記法だからである。

漢字と仮名の混じった日本語の文章は、たてに書いてこそ美しいのだ。なぜならそれが本来であり、たて書き用に仮名だって作られているからだ。たとえば「あります」なんていう文字を、毛筆でたてに書いてみると、たてに書きやすいように作られていることがよ

くわかる。それを横書きにすると字のつながりが切られてしまう。漢字だって、中国では本来たて書きされていたのだから、たてに並んで美しくできているはずだ。

新世代である現代の子供がやがては、横組みでないと読みにくいという人間に育っていくだろうことは止められないと思う。でも、だからこそ作文は必ずたて書きしよう、と教えるのだ。そして、自分で書いてみて、日本語のもともとの姿を感じさせるのだ。

さてそうなると、どんな紙に作文をたて書きするかである。

これはもう、言うまでもなく原稿用紙に書かせなきゃいけない。画用紙に文章を書かせたら、低学年の子なら必ず文字の大きさが不揃いになるんだから。はじめは大きな字を書いて、だんだん小さくなっていくに決まっているのだ。

そういう文章には、美しさがない。だからケイ線のワクがあって、字の大きさが揃う原稿用紙を使わせよう。見た目にきれいに書ければ、自然に文章もよくなるのだから。

そして、字の大きさが揃うという利点だけではなく、原稿用紙には心理的な効果もある。こういう本格的な用紙に書くのか、と思うだけで、やる気が出るし、きちんと書こうという気分にもなるのだ。

私の作文教室では、弟の塾へ私の私製原稿用紙を千枚ずつ送りつけていた。わりに上質の紙を使っていて、隅に私の名が入った、Ｂ４判の原稿用紙である。

さあ、これを何枚使ってもいいから書こう、ということで、子供はやる気が出たに違いないと思う。いい文房具ならば使ってみたいと思うものなのだから。

だから作文親父は、デザインのいい原稿用紙をまずさがすのだ。少々高くたって、子供のやる気を引き出せれば惜しくないであろう。そして、これに好きなように、ただしたて書きで作文を書こう、と言うのだ。そこからすべては始まる。

第3回　ほめてやる気を出させろ

あなたのお子さんが、手紙とか、作文とかを書いた。あなたはそれを読んで、何と言えばいいのか。どういう指導をすれば、子供の目がキラリンと輝いて、「と、とうちゃん。おれは今もうれつに感動している」と言って、ますます書くようになるのか。

まず、絶対に言ってはいけないことを先に教えよう。こんなことを言ったら子供の作文力のためにはひたすら害になるだけですよ、という例だ。そして、なのにこれを言っている親が案外多いという、困った事例である。

家で書いたか、もしくは学校で書かされたかした、お子さんの作文を読んで、こういうことを言ったことがありませんか。たとえばこれ。

「字がきたなくて読みづらいよ。もっとていねいに書きなさい」

はたまた、これ。

「こんな、わが家の恥を書かないでよ。もっといいことを書きなさい」

もしくはこんなの。

「またゲームの作文なのか。お前の作文はゲームのことばっかりだな。たまには別のことを書けよ」

こういうこと、言ってる人が多いんじゃないかなあ。でも、これがよくない理由はわかるだろうと思う。

そう好きでもない作文を、なんとか書きあげてみたら、いきなり文句をつけられるのだから、子供だって面白くないのがあたり前である。じゃあもう二度と書くもんか、とか、今後親には作文を見せないぞ、と思うではないか。

星飛雄馬に野球を指導するならば、「腰がへっぴり腰だ！」とか、「腕の使い方がなっとらん！」とか、「このぐらいでへたばってどうする！」などと厳しく叱りつけてもいい。野球とはまず、楽しくってやりたくなるスポーツだからだ。それが上達するためならば、ビシビシときたえられるのも納得ずくである。

しかし、作文を指導する星一徹は、厳しく叱ってはいけないのだ。子供の作文を読んだならば、とにかくまずほめよう。

子供が作文を書く時、初めはそう楽しくないのである。親や先生が書けと言うから、やむなく書いているのだ。文章を書くというのは、読むのにくらべて十倍くらいむずかしいことで、うまくいかないから気分も重いのだ。

そんな苦労をして書いて、まず文句をつけられ、へただなと言われるんじゃあ、そこでやる気も消え失せるというものだ。

だから、どんな作文であろうとも、まずほめるのである。ほめられれば人間は、子供に限らず大人だって、いい気分になる。もっとほめられたい、という意欲がわく。うけちゃったなあ、と悪ノリしたくなる。つまりその時点であなたのお子さんは、作文を書くことがちょっと好きになり、もっと書きたいな、と積極的になっているのだ。

意欲がわいてきて書いた次の作文がちょっとよくなっていくのは当然のことではないか。

ここはこう書いたほうがいいよ、という指導をしたくなることもあるだろう。でもその指導は、七割ほめたあとに、三割だけつけ加えればいいのだ。

小学生の作文の実例を見ながら、具体的に考えていこう。

三年生　男子

学校で大さわぎ

今日、雨ふりなので、三年二組（ぼくのクラス）のベランダに、トノサマガエルを入れた、大きな水そうを、おいておきました。じゅ業の間に、

『ぼッちゃーん』

とベランダで大きな音がしました。その後、休み時間に、ぼくが、なんだろうと見てみると、トノサマガエル（一番デカの）が、ベランダじゅうを走り回っていました。そして、ぼくが、みんなにしらせると、大河内建《たつる》君という友達がつかまえてくれました。つかまえる前は、みんなが、

「大河内」

といっていました。

そして、先生が、わからない顔をしていたので、じじょうを話すと、先生も安心した顔にもどりました。で、次のほうかに話し合って決まったことは、にがすことです。カエル、バイバイ。

いいところもあり、ちょっとわからないところもあるという作文である。一般の人はこの作文の中で、「次のほうか」というのがわからないと思う。名古屋では、授業と授業の間の十分ぐらいの休み時間のことを、「放課」というのである。だからこれは、「次の休み時間」という意味。

この作文を読んで、ちょっと読点が多いな、と注意することはできる。それから、どう

してみんなが「大河内」と言ったのかがわかりにくいので、説明がほしいな、とも思う。

しかし、読んですぐ、まずそれを言ってはいけない。

まずは、ほめよう。私ならこうほめる。

題名がいい。「カエルがにげた」なんていう題ではなく、「学校で大さわぎ」なら、何があったんだろう、と読みたくなる。

大さわぎのあわてぶりが伝わってくる。ベランダじゅうを走り回る、という言い方で、大変だー、という感じがよくわかる。

先生が、何があったのかと少し不安そうな顔をし、事情を知ってホッとするという、微妙な心の動きに気がついてよく書いた。そのせいでドラマチックになっている。

カエル、バイバイ。というのは、いい終り方だ。

とりあえずはそうほめて、これを書いた子をいい気分にさせるのである。そうすればきっともっと書きたくなるのだから。

ただし、私のほめ方が、なかなかいいところをついているのに注目してほしい。ただでたらめにほめればいいのではないのだ。書いた子が、自分でもうまく書けたかな、と思っているところを、正しく読み取って、そこをちゃんと評価してやることが重要だ。

そのためには、子供の作文をしっかりと読んでやらなければならない。

子供の中には、今回例に出した作文より、もっとずっとへたな作文を書く子もいる。一年生だったりすれば、文意すらよくわからない、文字もまちがいだらけの作文を書いたりもする。

それでも、その作文の中からよいところをさがしてほめるのは、そう簡単なことではない。

たとえばこうほめるのだ、という具体例を並べてみよう。へたな作文に対するほめから、うまいものに対するほめの順に並べる。

「こんなに長く、よく書けたね。すごいよ」

「テンやマルの使い方が、ちゃんとできてていい」

「何をしたのか、よくわかった。ていねいに書いているからだ」

「そこに何人いたのかちゃんとわかることに感心した」

「だんだん寂しくなっていくという、心の動きがちゃんと書けていた」

「ユーモアのある書き方のせいで、読んでいて楽しくなってくる」

「オチがうまく決まった。うまいもんだ」

「文章に勢いがあるので、つい、そうだそうだ、と思ったよ」

「このあとどうなったのか、ぜひ読みたくなったよ」

そんなことを言われれば、意欲を持ってぜひ書こう、という気にもなる。それこそが、上達への一歩目だ。

わが子に、「お前って文才があるな」ぐらいのことを言ってやるのが、正しい星一徹である。

第4回　ことばで遊ばせろ

さて、あなたはわが子に作文力がつくように、書く機会を与え、書きあがったものをなるべくほめてやり、大いに書かせている。それはとても有効な指導法である。

ただし、そこでひとつ注意してほしいことがある。その時のあなたの熱血指導が、いかにも勉強を教えている、というふうにならないでほしいのだ。

作文をたくさん書くことは、国語の成績を上げるためのすごくいい勉強法だよ、なんて言ってはいけない。実はその通りなのだけれども、勉強ということばを使うとそれだけで、子供はいやになっちゃうのだ。

お父さん（お母さん）が、とても熱心にぼくの勉強をみてくれる、という感じになると、負担が大きい。だから、作文指導には、勉強のムードや、上達のためのトレーニングだ、というムードがないのが望ましい。

どんな調子なのがいいか。それは簡単なことで、楽しく遊んでいる感じであればいいのだ。

ひとつ、子供が楽しく遊んで書いた作文を紹介しよう。まずはその作文を味わって下さい。

私のこだわり（さしみ編）

五年生　女子

私はさしみがとても好きだ。前まではマグロが好きだったけど、今はフグやタイ、ひらめなどが好きだ。我ながらぜいたくな子どもだと思う。まあ、そんな話はさておき、今から私の「さしみにたいするこだわり」を紹介しよう。

私は、さしみを食べると、ぜったいこうして食べる。まず、さしみにしょう油を少しつけ、それを少し食べる。この時、さっとごはんを口に入れるのが、私のこだわりである。しょう油がちょっとついたさしみと、あたたかいふわふわのごはんが口の中で絶妙な味をつくりだすのだ。この時、ごはんの割合は、さしみの約1.5倍の量を入れるのだ。それ以上多くても少なくてもいけない。もう少し説明すると、最初に食べるさしみの量は$\frac{2}{10}$ぐらい。2回目は$\frac{3}{10}$ぐらいで、3回目にいっきに$\frac{5}{10}$の量をパクッといくのがコツである。2回目も3回目も、ごはんの量と食べ方はかわらない。しいていえば、しょう油が3回目は少し多めにつける。それでも、ダボッとはつけない

で、ちょーん、ぐらいである。（後略）

とても楽しい作文である。後半を省略したが、そこには、各種のさしみの盛り合わせを食べる時は、どれから食べ始め、どの順で食べていくかのこだわりが書いてある。

この作文のよさは、書いている本人が遊んでいる点である。さしみを食べる時のこだわりを書こう、ということ自体が、笑いながらの作戦である。

「それ以上多くても少なくてもいけない」なんて強調し、こだわりを浮きあがらせるところなど、うまいものだ。

この作文を書いた子は五年生だが、五年生になって初めて私の作文教室に来たのではない。もっと低学年の時から来ていて、もう何年も私の指導を受けているのだ。だから、この先生は遊んで書いても叱らないし、むしろ喜んでくれる、ということを知っている。そのせいでこういう楽しい作文がのびのびと書けていて、結果的にユーモアが出ているのだ。

そんなふうに、子供が作文で遊ぼうと思っているならば、自然にリラックスしたのびやかなものが書ける。

ということは、親は子供の作文を読んで、面白いところを大いに笑ってやるのがいいわけだ。ここは面白いな、と言ってやれば、楽しんで書いたほうがいいんだ、ということが子供に伝わるのである。

これは、作文に限らないことで、ことばで遊ぶというのは、ことばの力をつけるとてもいい方法なのだ。だからこそ、ことば遊びというのが古来より必ずあって、人間はそれを面白がるうちに、ことばの力を高めてきたのである。

考えてみれば、三歳児、四歳児あたりが、とても楽しんで、何度でも、ねえやってよ、と言う遊びがしりとりではないか。まり、りんご、ごりら、らっぱ……なんて、いつも同じことの繰り返しなのに、あの遊びには言語中枢が刺激される快感があるのだ。

小学生にもなれば、もうそんな単純なしりとりではつまらないかもしれないが、それなら五文字以上しりとり、というのをやってみればいい。五年生以上なら七文字以上しりとりだ。そして、それをやる時、親は子供に合わせて、子供の知っているやさしいことばを選んでやろうと思ってはいけない。たとえば前のことばがジで終っていたら、ジブラルタル海峡、なんて言っていいのだ。それが実は子供のことばの仕入れになるのだから。お父さんが、ジの時に必ず言ったジブラルタル海峡ということばを、子供は一生覚えているのである。

それから、だじゃれもことばの力をつける上でいい遊びだ。小学生ぐらいの子供はことばの面白さに目覚める頃で、歩きながら一人で、「電話に出んわ」なんて言ってケラケラ笑っているものなのである。だから水族館へつれて行けば、「イルカはいるか」と言ったりするのだ。そこで星一徹親父としては、すかさず「イカはいないか」と言って尊敬されよう。「ホットケーキはほっとけー」などのだじゃれに子供を誘い込もう。

だじゃれをひとつ考えよう、と思った時の脳の中の言語中枢の働きは大変なものなのである。楽しみながらそれが鍛えられて、あんないい遊びはない。

五年生以上の子供には回文も頭を刺激するいい遊びだ。しんぶんし、は上から読んでも下から読んでも、しんぶんし、だということの面白さを伝えよう。そして、「たけやぶやけた」とか「ダンスがすんだ」などのスタンダード作は教えよう。そこから先は、ひらめきである。「しんぶんしはしんぶんし」という卑怯な作もあるな、と思った時点で、ことばがぐっと面白くなるのだ。「ダンスがすんだらたけやぶやけたらダンスがすんだ」は、ちょっと変かな、と考えているだけで頭はフル回転である。

そして、ギャグをやらせてみよう。子供に、オリジナルなギャグを作ることはむずかしいので、今はやりのコメディアンのギャグをうまく使えるようにという訓練をすればいい。たとえば「間違いない！」という長井秀和のギャグを使えるかな、である。

「お母さんが、もうおなかいっぱいよ、と言うのは、体重のことを気にしているからだ。間違いない！」

と子供が言ったら、うまいうまいとうけよう。波田陽区のギター侍の真似はもう少しむずかしいので中学生以上だ。私が最近、行楽に出かけて作ったのがこれ。

「紅葉の、美しい、シーズンだ、って言うじゃなーい。でも台風が十個も来て葉が落ちちゃってますからー。残念」

つまりは、ことば遊びが認められている愉快な家にすることだ。

お父さんがボケたら、子供がすかさずツッコむ、というのもいい。それって、大変な言語力が必要なのである。

さすがに私も、小学生にノリツッコミをさせろとまで無理なことは言わないが。

「遊園地へ行くから、武器を持て」

「そう。あそこはいつ敵が攻撃してくるかわからないから……って違うじゃん」

そういうことば遊びは、そのまま作文力とつながるわけではないが、その基本となることばの力を育ててくれるのだ。遊んでいいのである。

第5回　長短とテンマル（その1）

原稿用紙を与えて、子供に作文を書かせているわけだから、なるべく初期に、原稿用紙の正しい使い方を指導しておくのがよいだろう。小学校低学年の子だと、まだそれを知らないんだから。

ただし、あんまり細かいことを言いすぎることはない。というのは実は、原稿用紙の使い方に絶対こうでなければならない決まりなんてないからだ。人ごとに、または会社ごとに、うちではこうする、というような決めごとがあるだけである。

というわけで、ざっと、次のような決まりでよかろうと思う。

・一マスに一字書く。
・文のはじめ、もしくは、改行した次の文のはじめは、一字下げて書く。
・テンやマルも、拗音や促音も、一字分として、一マスに書く。
・セリフは「　」の中に、補足説明などは（　）の中に書く。
・作文のはじめに題名を書き、二行目の下のほうに名前を書き、本文は三行目から。

とりあえずは、そのぐらいを教えればいいだろう。細かいことを言いだすと、かなりわずらわしいのだが。

文の最後の文字が行の末尾に来た時には、マルは次の行のトップに書くのか、なんてのもある。その時は行の末尾のマスの外に、ぶらさげて書けばいいかな、と私は思う。セリフが行の末尾で終った時の、〝」〟も同様だ。

改行した冒頭は一字下げるルールだが、それがセリフの場合、一マス空けて、二マス目に〝「〟なのか。これも自分なりのルールを作ればよくて、私は一マス目に〝「〟の方式だ。

セリフの「　」の中の文の、最後のマルはつけるのか省略か。

「さようなら。」

「さようなら」

右の二つのどちらにするかだ。普通、小説などは後者だが、小学校の教科書や、児童文学などは前者であることが多い。だから小学生にはマルがあって〝」〟のほうがなじめるかもしれない。

というように、面倒なことがいっぱいあるのだが、そこはまあ、家ごとにルールを作ればいいのだ。そもそも、なぜ原稿用紙に文章を書くのかと言えば、出版社が印刷する時に、文字数を数えやすいためであり、どれだけ書いたかを知って原稿料を払うためである。家で書いている作文が、印刷されたり、原稿料がもらえたりすることは普通ないんだから、見た感じがきれいであればいいのである。

大方針はそれでいいのだが、ひとつ考えておきたいことがある。今の子供はかなり高度なビジュアル人間なので、絵がうまいのだ。それで、作文の中に絵を描くことがある。水族館で見ておどろいた魚は、と書いて、その下に絵を描き、↑こういうの、なんて書く。これはやめとこうね、というのが私の指導方針だ。作文なんだから、文章で伝えようよ、ということだ。

だが、絵ではなくて記号はどうするか、という問題がある。

小学生の作文を募集してみれば、そこには記号があふれているのだ。

やったー✌

ルンルン♡♡

ムカッ💢

考えてみれば、携帯世代の人間だから、絵文字のようなものの使い方がうまいのである。さて、これを認めるかどうか。

私は、基本的にはそれらの記号に文句はつけない方針でいる。その記号を書くと、とてもうまく気分が伝わるような気がしているわけだし、書くのも楽しいようだからだ。楽しいなら、禁止することはないか、と思う。

そして、六年生にだけは、ちゃんとわけを話して、使用禁止にする。

「ここでは文章のトレーニングをしているんだからね。すごくうきうきした気分を、ハートマークを描いちゃうんじゃなくて、文章であらわすんだ」

六年生ならば、そう言われて理解できるし、そのように書くこともできると思う。

と、ここまではルールの話。ここからは、作文指導の話をしよう。

文章は、長いほうがいいのか、短いほうがいいのか、というのを考えてみよう。それから、テンやマルの使い方は、どうすればいいのかを。

それを考えるために、ひとつ作文を紹介する。そううまくはない作文だが、このぐらいの作文が最も普通なような気もする、というものだ。

化石館

三年生　男子

4月1日に、化石館に行きました。そこには、はとこのしゅんぺい君と、そのお兄ちゃんの、さとし君とおばちゃんと、おじいちゃんで行きました。化石館に行く前に、すみよし公園で、遊んでから、行きました。化石館には、いろいろな、化石がありました。

そして、ゲームみたいな物があって、みんなやってみました。そうしたら、さとし君が、

「これ、けっこうむずかしいぞ。」

と言ったら、ぼくが、

「やってみよっと。」

と言って、ぼくは、やりました。そのゲームは、化石を、はっくつするゲームです。

(中略)

ぼくが、

「化石って、なんで、くずれないんだ。」

と言って、さとしくんは、

「ぼうでささえてるからだよ。」

と言ったらぼくは、

「あっそうか、ぜんぜん気がつかなかった。」

と言って、おじいちゃんが、

「もう帰るぞ。」
と言ったら、ぼくたちは、
「はぁい。」
と言って、しゅんぺい君が、
「あっそうだ、あのさっきの公園で遊ばない。」
と言ったら、とびだしていきました。そして一時間たったら、帰りました。

なかなか悩ましい作文である。どんなことをしたのかは、ちゃんとわかるのだが、どうもぎこちない。

しかし、書き始めた当初の子供の作文とは、とりあえずこのぐらいのレベルだと思ったほうがいい。初めからうまく書ける子なんていないのだから。

私だったら、この作文に対しても、まずほめる。誰と、どこへ行って、何をしたかがちゃんとわかるところがいいよ、と。

そうほめた後、このことだけを言う。

後半の、「ぼくが、『化石って、なんで、……』」のところから、「とびだしていきました。」のところまで、マルがなくてひとつの文章だね。でも、あんまり文章が長いと、誰が何を言ってどうなった、というのがわかりにくくなるんだよ。この文章は三つぐらいに切ったほうがいいな。

そう言って、区切り方を教える。

この作文には、テンが多すぎて、しかも使い方のおかしいところもあるのだが、そのことへの注意は後日にまわす。ひとつの作文で、あれもこれも注意されたら、子供だってめげちゃうからだ。

三ヵ月くらいはこの調子で書かせておいて、テンの使い方のうまい文章をこの子が書いた時に、すかさずほめつつ、テンはわずらわしくないように、意味の区切りのところにうつのがいいんだよ、と教えるのがいい。

いずれにしても、この作文は、文章の長短について考えるのと、テンマルの使い方を考える上で、とても参考になる例だ。この話は、もう少し続けることにしよう。

第6回　長短とテンマル（その2）

引き続き、文章の長短と、テンマルの使い方について考える。

意外かもしれないが、子供は一般的に長い文章を書きがちである。もちろん、一年生ぐらいなら、短い文章を三つ四つ書くのがやっと、ということになりがちだが、そのレベルを卒業した小学生は、ともすれば文章をずるずるとつなげて書くのだ。

なぜならば、ひとつの出来事というのは、いろんな要素の複合だからだ。

たとえば子供が、きのう学校でクラスメートの○○くんが怪我をしたことを作文に書こうと考えたとする。するとその子の頭の中には、その時のことが大きな塊として思い出される。

○○くんが校庭でふざけていて、花壇のフェンスに登っていたがどこかからボールが飛んできて、びっくりして後頭部から校庭へ落ちてぎゃっと悲鳴をあげて、頭から血が出てきてみんなは大丈夫かと心配して、なのにそこへやってきた先生は誰がやったの、と叱るような口調なのであり、なんだかぼくを疑う感じなのですごくいやな気分がした。

ということが、すべて同時に頭に浮かぶのだ。だから、ちゃんと説明して書かなきゃいけないと思うと、ずるずると長い文章になってしまうのである。文章というものは、「〜して」という言葉でいくらでもつながっていくのだから。

「○○くんがふざけていて、花だんのフェンスに登っていて、自まんしていたらボールが飛んできて、ぶつかりそうになったのでよけたらぐらっとして、わっと言いながら落ちて、……」

こういう文章のことを私は、子供の「してして文」とふざけて呼んでいるのだが、こんなふうに長い文章を書く子は珍しくない。前項の三年生男子の「化石館」という作文にもその傾向がある。

「ぼくが……と言って、さとしくんは……と言ったら……おじいちゃんが……と言ったら、ぼくたちは……と言って、」

子供がこのように書くのは、事実はそのようにつながっているとその子が思っているからだ。

しかし、そういう長い文章は、いったいどうなるのだ、という気がするし、だんだん話が変ってきてないか、とも思えるし、読みにくいのである。たとえば「ぼくが……すると、……して、……して、映画が終った。」のように、「ぼくが」で始まった文章が「映画が終った」でしめくくられるような、主語と述語の不統一も出てきがちなのだ。

そこで、そういう長い文章に対しては、こう指導することになる。

「こういう長い文章は、何が言いたいのかなかなかわからないし、文の初めのほうと終りのほうでは違うことを言うことになったりしがちなんだよ。だから、文章はなるべく区切ったほうが読みやすいんだ。この文章なら、三つぐらいに分けたほうがいいな」

文章は短く区切れ、というのは必ずしもすべての場合にあてはまるセオリーではないのだが（たとえば大人の書く文章ならばまた話は別）、子供に対してはきっぱりとそう言いきっていいのである。そこに気をつけるようになるだけで、多くの子供の作文が急に読みやすくなり、事情がわかりやすくなるのだ。星一徹に言わせるならば、

「飛雄馬よ、作文で重要なのはショートストップの守りなのだ」

というところであろうか。

つまりこれは、作文の中にほどよくマルを使え、ということである。子供の作文ならば、一行二十字で書いているとして、二行か三行ごとにはマルが出てきてほしい。十行読んでもマルが出てこない、というのはまず間違いなく読みにくいのだから。

次に、テンの使い方を考えよう。

一般的に、子供の作文はテンが過剰になりがちである。「化石館」の作文でもそれは感

じられたと思う。

「と言って、ぼくは、やりました。」

「化石って、なんで、くずれないんだ。」

テンの使い方はむずかしいのだ。子供は学校で、テンは文章の区切りのところにうて、と教わっているので、そのようにしているつもりなのである。

だがその時、自分の思考の区切りのところにテンをうってしまう。「ぼくは」と書いて、次どう書こうかな、と考えているのは思考の区切りなので、そこでテンをうってしまうのだ。

だから子供にはちゃんと教えよう。テンは、意味の切れ目のところにうつのだと。次のように。

「先生がやれと言ったので、ぼくはしぶしぶやりました。」

もちろん、文章術としてのテンのうち方はなかなか高度なテクニックで、そうシンプルな法則ではないのだが、子供には、意味の切れ目にテン、という指導でいいと思う。

「化石館」という作文で見るなら、次のようなテンは変だ、ということである。

「そこには、はとこのしゅんぺい君と、そのお兄ちゃんの、さとし君とおばちゃんと、……」

この文章では、「そのお兄ちゃんのさとし君と、おばちゃんと、」でなければならない。

それが意味の切れ目にテンということだ。

どうしても多めになりがちな子供の作文のテンは、あまりうるさく注意しても逆効果になりかねないので、とりあえず見逃すしかない、というのが基本姿勢であろう。だが、右のような例が出てきた時だけは、意味の切れ目にテンをうとう、とあっさり言ってやるのがよいだろう。

さて、うるさい話が続いたので、気分転換に子供の作文を読もう。

ホタル　　四年生　男子

6月14、15日は、おじいちゃんの家に、行っていました。おじいちゃんの家から、ホタルを見に行きました。ホタルの光は、とてもきれいでした。そして、おじいちゃんの手に、ホタルが一ぴきとまって、草にもどそうとしたけど、ぜんぜん、草にはうつりませんでした。でも、それからちょっとしたら、とんで行きました。ホタルがとんで行った後は、いきなり、カエルの声がとても、うるさくなりました。ホタルの光がきれいなことはいいんだけど、カエルの声は、とても、いやでした。そうしたら、反対の、ほうも見てみました。でも反対には、あまりホタルは、いませんでした。でも10ぴき以上は、いたと思います。そしたら、帰りました。帰る道にも、すこしいました。

改行ってことをしてもいいんだよ、とか、テンが少し多いよ、「そしたら」の使い方がヘンなところがあるよ、などと指導したくなる作文ではある。

でも、ほめるところもいっぱいある作文だ。

「ホタルがとんで行った後は、いきなり、カエルの声がとても、うるさくなりました。」というのは、とてもムードのある文章だ。ここで、「いきなり」が使えるのは上出来である。本当はカエルの声はずっとしていたんだけど、ホタルがいなくなって、ふいにその声に気がついたんだよね、と言ってもいいが、そう書けと言ってはいけない。この文章だけでそれは十分に伝わってくるのだから。

最後の、「帰る道にも、すこしいました。」という文章は、ねらったわけではないのだが、余情が残る。

この作文を見てもわかるだろうが、子供にテンマルの使い方はとてもむずかしいのだ。マルはもう少し多く、テンはもうちょっと少なくてもいいんだよ、ぐらいに言うにとどめ、じっと成長を待ってやりましょう。

第7回　読みたくなる題名を

お父さんがわが子の作文力を高めるために星一徹と化して、モーレツな特訓をしてやれば、その子の作文は見る見るうまくなるのだろうか。

今になってそんなことを言うのは変なのだが。そうなんですよ、という主張のもとに、この本を書いているのだから。

もちろん、お父さんの指導で子供の作文力は高まるのです。お父さんが、ぼくの作文を読んでくれて、ほめてくれて、アドバイスしてくれるというなら、その子の作文はだんだんうまくなっていくに決まっています。それは確かです。

しかし、一方で星一徹は、こういうことも知っていなければならない。子供とは未熟なもので、できないことは、どうにもうまくできない困った者なのだ。子供に何かを指導してみると、ちっとも上達してくれないんで、ガックリきちゃうことがある。

この本をもとに、わが子の作文を見るようになったお父さん（お母さん）が、うちの子はいくら書かせてもうまくならないなあ、と思うこともなくはないと思うので、あえてそういうことを言ってみる。

たった数回の指導で、そう簡単に成長してくれるものか、である。ちょっと変な言い方をわざとしてみるならば、子供の可能性というのはものすごいものなのだが、子供の不可能性というのも、なかなかどうして一筋縄ではいかないものなのである。どう指導してもなかなかうまくならない子が絶対にいるのだ。そういう時に、うまくない作文をどう読んでやるかだ。

ひとつ、うまくない作文を紹介しよう。うまくはないのだが、価値のない作文ではない。その辺のことを感じ取ってほしいのだが。

えんそくにいったこと

二年生　男子

はじめにいっしょにいく、グループをきめました。

いわいくんっていうこと大こうちくんとこんどうくんっていうこといぐちくんっていうことグループになりました。

つぎにどうぶつを見ました。うしと、やぎと、ひつじと、ぶたとにわとりと、ひよこを見ました。

それから先生がおやつをたべていいよといいました。

はじめにグミをたべました。

つぎにハイチューをたべました。

そしておべんとうをたべました。

おべんとうは、ウインナーとひよこのたまごとうしのおにぎりとぶたのおにぎりとハンバーグでした。

デザートはリンゴでした。

おわり

妙にそっけなくて、そのくせ変なところだけくわしいという、悩んでしまうような作文である。

しかし、相手はまだ小学二年生なのである。しかも、一般的に言って女子より言語能力の発達が遅いとされている男子なのだ。どうがんばってもこのぐらいにしか書けないのであり、これが普通なのだ。

たとえばこの作文について、接続詞の貧しさを指摘することはできる。この子の使う接続詞は、「つぎに」と、「それから」と、「そして」だけである。

だから、あったことを順に並べていく書き方しかできないのである。「それでね」「それでね」と話をつないでいく幼児のようだ。もしこの子が、「ところが」とか「なのに」とか「しかも」なんていう接続詞を使えるならば、それだけで作文がぐっとドラマチックになり、力強さを増す。

でも今は、並べていくだけの作文しか書けないのだ。二年生なんだもの、無理もないと思おう。

そしてこの子は、あったこと、見たことは全部書き並べる方式で作文を書いている。そこに、未熟な感じがある。

グループのメンバーの名をすべて書くとか、見た動物をすべて記録するとか、食べたものをあらいざらい並べてみるとかだ。

しかし、そのことに文句をつけるのはよそう。このように全部並べる書き方は、人間にとって原始の技法なのだ。「ギリシア神話」でも「聖書」でも、古代に書かれたものにはよくこういった、全部並べる書き方が出てくるのだ。

「カインその妻を知る。彼孕《はら》みエノクを生めり。(中略)エノクにイラド生まれたり。イラド、メフヤエルを生み、メフヤエル、メトシャエルを生み、メトシャエル、レメクを生めり」(「旧約聖書」)

細かいことは省略したほうがいいのでは、なんて言うのは後世からの口出しであって、原始はこうだったのだ。

　子供だって、まずはそこから始めるのだ。全部を並べるためにはちゃんと記憶していなければならず、それができてることを評価してやろう。

　そして、更に考えてみると、この全部並べ書きは、その子が楽しくて興奮しているから出てくるのである。この作文は一見淡々としているようだが、実はとんでもない誤解である。この子は遠足が楽しかったのだ。楽しくって興奮しているから、食べたものまですべて並べられるのである。この、食べ物のたたみかけには、原始のジャズのようなリズムがある。

　そう思えばほらね、いい作文じゃないですか。

　そして、もちろんまだへたなところも目につくのだが、一年たてばこの子の作文も少しは変ってくるのだ。二年たてばある時ふいに「ところが」という接続詞を使い始めたりするのだ。

　そのようにゆっくりと子供は成長していくのであり、成長をしない子はまずいない。だから嬉しいのだ。

　三作か四作の作文で、この子はちっともうまくならない、なんてあきらめてはいけない。というわけで、これだって見るべきところのある作文なのだが、私ならこの子にどういうアドバイスをするかだ。

それは、もっといい題名をつけようよ、である。

実を言うとこの子の作文は、すべて「……したこと」という題名なのだった。「釣りに行ったこと」「お祭りに行ったこと」「ゲームをしたこと」。

そういう題名を作文につける子は多い。「こと」のないバージョンもあって、たとえばこうだ。「映画に行った」「おじいちゃんの家へ行った」「発表会があった」。

こういう題名のことを〈した・こと題名〉と名づけてもいいくらいだ。

確かに、それについて書いた作文ではあるのだけど、だからと言ってその題名では、読みたいなという気にならないではないか。

私ならば、遠足の作文には「いっぱい見て、いっぱい食べた」という題名がいいと思う。何を見たの、どうしてそうなったの、という気がして、読みたくなるではないか。

「釣りに行ったこと」より「逃がした魚」のほうが気を引かれる。

「ゲームをしたこと」より「どとうの四連勝」のほうが読みたい。

たとえば子供の作文で、「運命の2センチ」という題名のものがあったら、何が書いてあるのか気になりませんか。

そんなことを、星一徹は子になんとか伝えてみよう。そして、面白い題名をつける裏技をここで教える。これは、私もエッセイを書く時などに使っている手だ。

題名は、本文を書いちゃってからつける、というのがそのマル秘テクニックである。作文を書いちゃってから、これにどういう題がついていたら人は興味を持つか、と考えるのだ。

とりあえずお父さんは、わが子の作文の題名を、このほうがいいのにと言って、刺激してやりましょう。

第8回　テーマをしぼりこめ

まず、次の作文を読んでもらいたい。ある意味、笑えます。

月曜日のこと

三年生　男子

月曜日には、しょう兄ちゃんが、ジャンプを買ってきて、しょう兄ちゃんが読んでから、ぼくが読んだ。それから、はながよんだ。たすく兄ちゃんが、さいごだった。ジャンプを読んでから、勉強をした。勉強が終わったら、テレビを見た。テレビを見たら、ごはんを食べた。

ごはんを食べたら、家庭きょうしがきて、しょう兄ちゃんが、勉強をした。それから、たすく兄ちゃんはサッカーだったから、お父さんといっしょに帰ってきた。

それから、歯ミガキして、ふろへ入って、ねた。

この子の家は今時珍しく四人兄弟で、上から、たすく、しょう、この子ときて、いちばん下が妹のはなである。

たすく兄ちゃんがサッカーだったので、お父さんといっしょに帰ってきた、という文章の意味は不明。お父さんと出かけて、サッカーをした後、帰ってきたということなのかも。

そんなわかりにくいところもある作文だが、それよりも、この書きぶりの未熟さがおかしい。

この子のために弁護をすると、これは四月に書かれた作文である。つまり三年生になったのをきっかけに、私の作文教室に入って、ほとんど最初に書いた作文なのだ。だから、まだどう書けばいいのかよくわかってなくて、手さぐりで書いている。この子だって一年もたつとだいぶんうまく書けるようになるのだが、そうなる前の、いちばんへただった時の作品なのだ。

そこでこの子は、子供の作文がまだ未熟な時に、最も陥りやすい作戦ミスをしてしまっている。

そのミスとは、その日あったことを順に全部書く、というやり方だ。ジャンプというのは、雑誌「少年ジャンプ」のことだと思うが、それを兄弟がどういう順番で読んだのかを克明に書いてしまう。

勉強して、テレビを見て、ごはんを食べて、という具合にしたことを並べていって、歯ミガキして、ふろに入って、ねた、で終る。ねた、で終ることに大人はつい笑ってしまうのだが。

この子が、この次の週に書いた作文は、「今日やったこと」という題名で、やったことが順に並べて書いてあり、そのラストがまた笑えた。「それから、作文教室へ来た。」という文章で終っているのだ。それは確かにそうだろうと納得してしまうのだが、もしかしたらこの子は、人間の書くという行為と時の流れの関係について考察する前衛文学でも書いているのか、と思ってしまったものだ。

しかし、実のところこの子はそう珍しい存在ではない。子供というのは、実にしばしばこんなふうに、あったことを全部並べて書きたがるのだ。書きたがると言うより、そういうふうに書くのが作文だと思っているのかもしれない。

だから子供は、「遠足に行った」という作文を書こうとすると、朝学校へ行ったところから書き始める。

班別に校庭に並びました。それからバスに乗りました。まず○○公園へ着きました。

そういうふうに、一日の出来事を並べていき、バスで学校へ帰りました、で終るのである。

「工場見学に行った」という作文でも同じだ。まずバスで工場へ行きました、から始まる。

あなたのお子さんもおそらくそんなふうだと思う。もし低学年だとすれば、そう書くのがやっとなのだ。

そして、そのように書けるというのは、悪いことではない。その日の朝のことから順番に思い出していき、並べていって一日を説明できるんだから、人間以外にはできないことだよなあ、とも思う。

しかし、そういう作文ばかり書いている子に、父の星一徹が、いいタイミングでこう言ってやったら、その子の作文は急によくなるだろう。

「飛雄馬よ、作文にはその日のことを全部書かなくてもいいのだ。その日やったことのうちでいちばん面白かったことだけに、狙い球をしぼって書いてみろ」

つまり、テーマをしぼりこめ、ということだ。遠足の作文ならば、遠足の中でいちばん楽しかったことだけを書けばいい。工場見学の作文ならば、いちばんびっくりしたことを書こうと思うのだ。

どこへ行って、お弁当を食べて、それから遊んで、と書いていくより、もし仮に、どん

ぐりを拾ったのが楽しかったならば、どんぐり拾いのことだけを書くのだ。

工場見学の作文が、次のように始まっているならばうまいではないか。

「その機械を見た時、ぼくは、信じられないよ、でっかすぎる、と思いました。」

まずバスに乗って工場に着きました、というのより断然いいでしょう。

作文には読みたくなる題名をつけよう、という話をした時、「釣りに行ったこと」より、「逃がした魚」のほうがいい題名だと言った。これは、単に題名がいいと言うより、テーマがしぼってあるよさでもあるのだ。「遠足に行った」より、「友だちが池に落ちた」のほうがいいのは、あのことを書こうと狙いがしぼれているからだ。

つまり、作文は報告書でなくてもいいのだ。そのことを親は、子供にうまく伝えよう。その一日に何をやったのか報告するんじゃなくて、すごく面白いことがあったから教えるね、という気持で書けばいいんだよ、である。

もしそれが子供に伝わって、そうか、面白かったことを教えればいいのか、と思ったら、自然にその子の作文はテーマがしぼられていることになる。

そうなるだけで、小学生の作文は一段階うまくなるのだ。

高学年の子を持つ星一徹ならば、こう言ってみてもいいだろう。

「同じ工場見学をして、ひととどう違う作文を書くかだよ。クラス中の子が、朝バスで工場に行きました、から始まる作文を書いているんだよ。そうではなくて、特に何かに目をつけてそこをくわしく書かなくっちゃ」

いずれにしても、作文はテーマをしぼって書いたほうが必ず読みでのあるものになるのだ。小学生にはものすごく有効なアドバイスである。

さて、低学年の子のあまりうまくない作文を紹介することが続いたので、気分転換に、高学年の子の楽しい作文を読んでみよう。

楽しみ‼　おばあちゃん家《ち》

六年生　女子

七月三十日に久しぶりに、おばあちゃんの家に行きます‼

なぜ‼　私がここまで力を入れるか……。おわかりでしょうか……。フフフ。

それは‼　あの空間にいると心のゆとりを感じたり、私がお姫様になった気分がするからです。その理由は、その1、お母さんの眼が光らない‼　ということは、その2、テレビをいつまで見てても怒られない‼（中略）

この3つが、心のゆとりを感じたり、お姫様の気分になったりする原点になるのです。あはははは……。

そして、今回の目的は、おばあちゃんの心温まるお金で、家族にたん生日プレゼントをあげたり、おばあちゃんにも祖母孝行をしてあげようと思います。

あっ‼　私用のお金余るかな？

第9回　擬人法にトライしよう

ここまでで、子供にまずは作文を書かせてみよう、ということと、書くための基礎的な心がけについて語ってきた。そこでこのあたりから、文章には様々な表現法があるんだよということを、子供に伝えてみよう、という段階に突入する。

まずは次の作文を味わってほしい。なんとなく楽しくなる作文だ。

ゴキブリものがたり

四年生　女子

この前みつかったゴキブリは、その後わたしの前に2度、すがたをあらわしました。

その1回目は、ろうかの絵の具のせいりをしていると、

「カサコソ。コソコソ。」

とすがたをあらわしました。ちょうど顔を前にだして、ゴキブリのすぐ目の前に顔を近づけてしまい、これには、わたしも、ゴキブリもびっくり。

『ギャーア。』

とゴキブリがいったようなきがしました。

わたしはすぐにその絵の具を元にもどしました。『ホ。』としました。そして、もういち度せい理しましたが、でてきませんでした。「もしかしたら、ドロンと消えちゃったのかなあ。」と思いました。（中略）

その後、パッタリとすがたを見せなくなりました。

そして今日、またすがたをあらわしたのです。どっからでたかしらないけど、

「ギャーア、ゴキブリーイ。」

と女子がさけびました。そして、男子が、つかまえようとしていて、もう、大さわぎ。

ゴキブリは、

『やばい。人間だあ。』

と、わたしたちより「オロオロ、ビクビク。」していました。すると、

「ギャーイヤーア。」

という声が聞こえました。見ると、つくえの下で、ゴキブリがひっくりかえり、じたばたもがいています。まるで、

『やめろう、なにする気だあ。』
とさけびまくっているようでした。
そのまま外にはなされ、どこに行ったかわからなくなった、ゴキブリでした。

この子はこの作文の前にも、学校でゴキブリを見たというのを書いていて、だから書きだしが「この前みつかったゴキブリは、」になっているのだ。

そしてこの子は女子には珍しく、ゴキブリがこわくないのだそうで、そこからなんとなく余裕のユーモアが漂っている。以前トイレでゴキブリの死体を見たことがあるそうだが、「生きているほうが、死体よりもよっぽどましです。」と前の作文に書いている。なんだか、「堤中納言物語」の虫めずる姫君のような子なのである。

さてそこで、この作文の楽しさは、ゴキブリが『ギャーア。』と言ったような気がしたり、『やばい。人間だあ。』『やめろう、なにする気だあ。』と言ってるように見えたところにある。ごく自然にそう書いているのだが、よくぞゴキブリの心理を書こうと思ったものだ、というぐらい見事である。

人間ではないものが、人間のように語ったり、考えたりするという擬人法は、うまく使うととても効果的な修辞法である。そして、そのやり方については、小学生でも少し説明されればすぐ理解できるのだ。やろうと試してみると、意外にうまく書けてしまうテクニックなのである。ぜひとも実際に書かせてみよう。

今から百年前の一九〇五年一月は、夏目漱石があの『吾輩は猫である』を世に発表した時である。

正確に言うと、漱石は一九〇四年の十二月にあの小説の第一回目の分を、それだけで読み切りの短編小説のつもりで書いた。それを「ホトトギス」の主宰の高浜虚子に見せると、これは面白いと言って、「ホトトギス」の一九〇五年一月号に載せてくれたのである。ただしこの一月号は、十二月にはもう発売されていた。

というわけで、二〇〇四年の十二月か、二〇〇五年の一月かが、『吾輩は猫である』の誕生百周年である。それはつまり、夏目漱石の作家デビュー百周年ということでもある。

そしてあの小説は、近代日本文学の幕開けとも言うべきモニュメント的名作だ。それだけではなく、あの小説によって、明治の日本に、近代の文学、近代の思想を記述できる新しい文章がもたらされたのだ、と指摘する人も多い。

あの「……である」という文章はそれほど価値あるものなのだ。

そして、そういう大傑作がまさしく、猫が人間のように考え、人間のように語るという、擬人法の作品である。

ここはひとつ、あの名前のない猫に敬意を表するべく、大いに擬人法の文章を書いてみるところであろう。

もちろん、まずは星一徹であるところの、お父さん、お母さんが見本を書いて子供に読ませてやるのだ。たとえば、こんな文章を書いてみよう。

「ボクは林の中のクリの木に実っているクリだ。するどい針がいっぱいあるいがに守られて、三兄弟ですくすくと育っていた。」

その栗のいがが風で落ちて、登山家に踏まれていがから栗が出てしまい、熊に食べられそうになるが助かり、山をころころところがり落ちて人間の帽子の上にのっかってしまい、その人は家に帰ってから栗に気がついて、とても喜んで栗ごはんにした。そういう話を書いて子供に読ませれば、その子にはもうそれで擬人法がくっきりと理解できるのだ。

「こんなふうに、人間以外のものになったつもりで、どうやって生きているとか、どういう体験をした、という作文を書いてごらん」

それでもとまどっているようなら、何になりすまして書けばいいのかを出題してあげてもいい。

「ぼくは、とてもおなかがへっているクマだ。」

ということで、このあとを作ってごらん、と言うのだ。

「ぼくは○○家の小学一年生の×子ちゃんが可愛がっている、ぬいぐるみのコロロだ。」

そのぬいぐるみが、この家に来るまでの物語を作ってごらん、とやるわけである。

そういう遊びをしていると、子供というのは発想が自由で、とんでもないことを考えるから楽しい。

「私は、×子ちゃんの影です。お天気のいい時ははっきりしていますが、曇の日にはカゲが薄いです。朝は背が高くなるのですが、正午頃はチビです。」

「おれ様はキノコのエノキだ。なぜエノキというのかというと、アントニオ・エノキのファンだからだ。」

こんな、擬人法も使いながら、だじゃれも楽しむものを書いたりする。

「学校で、水さいばいのヒヤシンスがさきました。私は、なかまとはなれて水だけで生きているこのヒヤシンスはどういうきもちだろうと考えてみました。」

ここから始まって、ヒヤシンスの心が書いてあったら素晴しいではないか。

自分を自分以外のものになぞらえて考えることができる、というのは人間の知能の驚異的な働きなのだ。だから擬人法の文章を書くことは、知的刺激に満ちている。そういうものを書いている時、子供の脳はフル回転している。

というわけで、擬人法の楽しみへと子供を導いてみよう。きっと、すごく楽しんで書くと思う。

第10回　比喩って楽しいです

子供に作文を指導する場合、テクニックばかりを育てあげようとしないほうがいい、という意見がある。純真な子供が作文を書こうとしているのに対して、演説口調で書いてごらん、演繹《えんえき》法を使ってごらん、擬人法や比喩《ひゆ》を使ってごらん、などと、技ばかり教え込むのはつまらない、という考え方だ。

それよりも、人の心に気づいたり、自然の美しさに気づいたり、自分の悲しさに気づいたりするような、心の豊かさを導き出してあげることのほうが大切だ、とそういう意見の人は言う。

私も、その考え方に反対なわけではない。それはとても大切なことだと思っている。しかし、子供をひたすらそっちに引っぱろうとするのは、ちょっと問題ありなんだよな、とも思っている。なぜなら、そういう人が子供に求めているものは、高度すぎてすごくむずかしいのだ。

豊かな心を育てよう、ということばっかり言う人って、子供に文学的感性を求めているのである。デリケートな心が書いてあってこそ文章は味わいを持つ、という方向で考えすぎている。

小学校の低学年の子に、あんまり文学的感性を求めても意味がないのだ。

「その時、何か感じなかったかなあ」なんて、感覚的に迫ってみても、子供はどう感じればいいのか見当もつかないのである。もちろん子供にも心はあるが、心を言葉で表現するなんていうむずかしいことはまだできない。

それに、子供だって一人一人に個性があり、お話を数多く読んでる子は心に敏感だが、自動車が好きで車の名前だけは何でも知ってる、なんて子は心のことはよくわからないのだ。それで、そういう子は文章力において劣るのかと言えば、そんなことは言えない。その子が見事な自動車ショーのルポを書くことがあるのだから。

文学的センスのことは、子供に対してあまりうるさく言わないほうがいいと、私は思う。まずはちゃんと文章を書けるように指導すればいいのだ。

そういうわけで、テクニックの指導が決して悪いわけではないと私は思っている。

ここで、次の作文を読んでもらおう。私のやっていた作文教室における初期の名作のひとつで、ほかの本にも紹介しているものなのだが。

姉はぼくの宝物

六年生　男子

「ドタドタドター。」

はげしくかい段をおりる音でぼくは、目がさめた。目を開けこしを立てると、目の前には、仁王さまみたいに姉が立っていた。姉はニッと笑いながらこう言った。

「××（注・その子の名前）が早く起きないから、私の朝食がおそくなるのよ。」

と、言うと中から姉の顔は、こわくなり、言い終わった時にはおにのような顔だった。ぼくは、その顔を見て目が覚めて食たくに走った。

「いただきまあす。」

こうして、ぼくの一日が始まる。姉の悪い所はさまざまで、おかしを独りじめにしたり、ぼくの物をかってにとったり、ぼくがねている時いたずらしたり、そのた色々ありますが、けっこういい所もあるのです。例えば、この前、ぼくが熱をだして学校を休んでいる時、姉はいつもより早く帰ってきてくれて、リンゴをむいてくれたり、ジュースをくれたり、前取ったおかしをかえしてくれたりしてくれ、一番すごいのは、ぼくの家の仕事を全部やってくれました。他にもあります。ぼくと姉は、よくけんかをするのですがかならず、最後には、姉が、

「さっきは、ごめん。」
と言ってくれるのです。こういういい所もたくさんあるんです。その他色々やさしい所、ひょうきんな所ばっちい所自まんできる所色々ですがそういうとくちょうの一つ一つがぼくの生きた宝物です。

うまいものである。姉のいいところを書こうとして、まず姉のとんでもないところを書き並べるという作戦がいい。作文の最後、少しテレてしまい文章の中に読点がなくなってしまうのだが、それも面白い。

そんな点をほめた上で、私はこの作文について、こう書いてやった。

「仁王さまみたいに、とか、おにのような顔、とか、比喩がうまく使ってあるね。比喩は様子がぱっとわかるし、面白い言い方で楽しいものなんだよ」

そうしたら、それからしばらくこの子の作文は、比喩だらけになったのである。

そして教室全体が比喩ブームになって、どの子もこの子も比喩ばっかり書いたのだ。

教訓1……子供に比喩をほめれば、その子は比喩を書きまくる。

教訓2……しかしその時、ちょっと悪ノリだね、なんて言って水をさしてはいけない。大いにあおって悪ノリさせよう。だって、楽しくってやっているんだから。

たとえばその頃低学年の女子が書いた作文に、こんな文章があった。

「私がそう言ったら、みんなはかぜのようにさんせいしました。」

こういう妙な比喩を書く時期があっても、そこをふまえて子供はだんだん上達していくのである。

比喩というのは楽しい文章テクニックであり、子供でも気楽に試してみることのできるものだ。比喩がうまいと文章がかなり高度な印象になる。言語能力が育ってないと比喩もうまく使えないのである。

たとえばの話、一流のコメディアンが何かを茶化して面白いことを言う時、それが実は比喩であることが多い。ぶっとんでいて、しかも言い得ている比喩は笑えるのだ。

タモリが言う「やめなさい。あんたは山菜取りのおばちゃんか」とか、ビートたけしの「新小岩のキャバクラのねーちゃんじゃないんだから」なんてのは、構造がまさに比喩である（彼らはそんなことばかり言っているのだが、名作が思い出せなくてもどかしい）。

だから星一徹はわが子に、比喩を教えてやろう。

「まるで……のような……」

「まるで何が何したみたいに……」

こういうのが比喩である。

そして、読んだ人がなるほど、よくわかるなあ、と思うのがいい比喩だ。

「赤ちゃんのグローブのような手」

「赤ちゃんのもみじのような手」

これは後者でなければいけない。だが、わざと大袈裟に言うことでユーモアの味を出すことができる。

「お母さんが、うるさーい、と言った時には、ぼくの家の中はまるで地雷原のようになる。」

そんなことを教えて、子供に比喩にトライさせよう。その時、お父さんも大いにやってみて、子供と読みあうのがうまいやり方だ。

そして、子供の比喩を軽く採点してやろう。採点と言っても、5点とか3点とかつけるのではなく、よいものには○印、ぐらいがいい。

俳句をやる人は何十句も作ったりして、その中から師匠がいいのを選んで○印をつけてくれたりする。あのやり方にするのがいいだろう。

子供の作文の中の比喩に、○印や、△印、特にいいのは◎印をつけてやるのだ。×印はなしがいい。

そうやって親子で遊んだことが何度かあるというだけで、知らず知らず、その子の言語感覚は鋭くなるのだ。

ね、文学的センスの指導だけが国語の指導ではないんだってことが、わかるでしょう。

第11回　ひとの作文を読む刺激

今から十年程前の、私の体験談をしよう。作文教室をやっていて、そこでの子供たちの作文が急に生き生きとしてきたという体験だ。

まずは、次の作文を読んでいただきたい。これは前項の、比喩がうまく使ってあった「姉はぼくの宝物」という作文を書いた子が、初夏の頃に書いたものである。

バイキング

六年生　男子

「いらっしゃいませえ！」

お店に入った時元気のいい声がきこえてきました。しかし、ぼく達家族にはあまり、いや全然聞こえなかったのです。なぜなら、初めての高きゅうホテルでの、バイキングで、きんちょうしていて、父は似合わないせびろをぴしと決めロボットのように歩いていて、母は、母でこうすいや口べにをべったりとつけ、姉は、ワンピースを着ていかにもごうか家族のように見せかけているけれどやっぱり姉はがにまたで、いい服を着ていてもすぐ生まれがわかってしまいます。席についてさあ食べようとかまえていた時、いきなり父がビールをたのもうとしたのです。すると、あわてて母が、

「こういう上品な所では、ワインをたのむのよお！」

と言った。姉も続けて言った。

「こういう所は、なんでも高いから水でいいの水でえ！」

とさけんだ。ぼくは、こんな家族がかなしくなった。ほかのお客さんの目もお店の人のもいっきにうちの家族のテーブルにあつまったが、父たちは気にもかけず知らん顔していて、なにもしていないぼくが冷たいしせんを送られた。わが家のテーブルも少しは静かになり、食事をとりに各自別れた。(中略)やっとの思いでテーブルにもち帰るとまちくたびれるような顔してみんなまっていた。ぼくが、皿をテーブルにおこうとすると、まるでそこは、料理のジャングルだった。

(続く)

ものすごい勢いのある怪作である。勢いがありすぎて文章がやや長すぎるところもあるのだが、そんなことはどうでもいいほど面白いいい作文だ。自虐的な家族描写に、お見事なユーモアがある。六年生でこのユーモアが書けるのはかなりのすぐれものである。

と、私は感心していた。そして、その少し後に、夏休みになったので、名古屋にある作文教室へ行ったのである。

いつもはファクスで指導やアドバイスをしているだけだから、直《じか》に子供たちに会うことがなく、それは貴重な直接指導の日だった。

その時私は、この作文を書いた子に、いいだろう、とことわってから、これを読みあげて、みんなに聞かせた。低学年の子にもこの作文のユーモアはわかるのであり、みんな笑っていた。

そうしたら、それ以後、教室のすべての子の作文が、急に生き生きとしてきて、一段階うまくなったのである。ユーモアがあったり、のびのびと書いている作風になったりした。前回、作文教室でみんなが比喩を使いまくる流行になった、と言ったが、それもこの直接指導がきっかけであった。

ああそうか、と私は盲点を突かれた気分になった。子供たちに、ひとの作文を読み聞かせたのがよかったのである。

子供たちは学校でも作文を書いている。書けたら先生に提出するわけだ。先生はその作文を読み、ここがよかったとか、こう書けばもっとよくなるのに、などのコメントをつけて、後日返してくれるのだろう。それがごく普通だと思う。

つまり、児童は作文を通して、先生と一対一のコミュニケーションをしているのだ。だから、ほかの子がどんな作文を書いているのかを知るチャンスがない。

ところが、たまにはほかの子のうまい作文を知ってみるのが、刺激的で教育効果が高いのである。あんなふうに面白く書いてもいいのか、と思うだけでも、自分が書く時のスタンスに変化が出る。テーブルの上が「料理のジャングルだった。」とは、うまい言い方だなあと思えば、自分も比喩をやってみたくなるのだ。そんなふうにみんなが感じたことが、クラス全体の作文力を高めるのである。

せっかくクラスには何十人もの児童がいるのに、ひとはどういう作文を書いているのか知ることがないのは、とてももったいないのだ。

そういうわけで、世の先生方には、よくできた作文を、みんなに読み聞かせるという指導法をすすめたい。そのやり方は、特定の子をひいきするみたいで問題がある、なんて考えるかもしれないが、そこはなんとかうまくクリアしてもらいたい。

「これがベストだということではないんだが、ちょっと面白いところもあるので読んでみるよ」

なんて言うとか。そしてもちろん、作文を読まれる子の意思も尊重してほしい。そんなの恥かしいから絶対にいやだ、ということなら、その子の作文は読まないほうがいいだろう。

　でも、ほかの子はどんな作文を書いているのかを知るのは、刺激に満ちた指導なのである。

　ただし、その指導は家庭ではできない。家庭では、「作文親父」星一徹と、子供との一対一コミュニケーションになるしかないのだから。

　似たような教育効果を狙って、全国作文コンクールの入賞者の作文などを手に入れ、一度こういうのを読んでみろ、とやるのはよくない。それは子供にとって、すごくいやなことだからである。ぼくと同じ学年で、こんな作文を書く子がいるのか、と思うのは、自信を失わせるだけである。

　同じクラスの顔も知ってるあの子が、あんな工夫をしているのか、と知ることがプラスの影響力を持っているのだ。名作に触れさせよ、というのが主目的ではない。

　というわけで、星一徹のわが子への作文指導では、そういう刺激を与える役を星一徹（お父さん、もしくはお母さん）にやってもらうしかない。

　指導する親が、大人っぽい技のある作文を書いて、子供に読ませるのだ。その時のコツは、あの子を笑わせてみよう、と思っているのがいい。

「どうしてそんなことになったのかがさっぱりわからない。なぜだ、なぜなんだ、と思うばかりで、頭の中にハテナ（?）マークが八十八ぐらいわいてきて超まんいんになった。」

そんな遊んだ文章を書いて読ませてみるのである。たとえば次のようなものもいい。

「ああ会社を休みたい、と思う。二十年間も働いてきて、すっかりくたびれてしまったのだ。

でも、家には家族がいて、おなかがすいた、何か食べさせてと言っている。家族を食べさせていくためには働くしかないのだ。私にとっては、ツバメの巣の中でツバメのヒナが、食べさせてくれと大口を開けてピーピー鳴いているのと同じように、大口を開けてピーピー言っている妻や子供がいるのだ。」

このぐらいの文章でも、子供にはとても新鮮で刺激になると思う。

ぼくたちはツバメのヒナか、と思うのは面白い。お父さんはこれを、ギャグで書いているんだ、とちゃんとわかって笑うであろう。

笑ったところで、こういうふうに遊んで書いてもいいんだ、ということがわかるのである。こういう書き方を真似してみよう、と子供が思ったら、この作戦は大成功である。ひとの文章を読むことは、文章上達のきっかけになるのだ。

第12回　小学生作文の文体

子供の作文の文体について考えてみよう。子供の作文に文体なんてあるのか、と思う人がいそうだが、もちろんちゃんと文体はあるのである。

「……です。」「……でした。」「……しました。」などのように、〈です・ます〉で文章を終えるのか、「……だ。」「……だった。」「……である。」などのように、〈だ・である〉で文章を終えるのか、というところに大きな違いがあるのだから。

さてそこで、子供に別段何も指示をせず、さあ作文を書いてごらん、と言ってみると、多くの子は次のような作文を書く。

腹まくえん

五年生　男子

去年、四年生の時、同じクラスの前泊君が腹まくえんになってしまいました。

話によると、最初は、ただの腹いただと思っていたのに、がまんしても、よほどいたかったらしく、病いんへ行ったら、腹まくえんだったらしく、1学期休んでいました。前泊君のお母さんも、こうなるとは、思わなかったらしいです。
4年2組の人たちは、1時間、2時間つるを折ったけど、けっきょくは五百羽くらいしか作れませんでした。
1学期たってから、学校にきましたが、ぼくは、腹まくえんにならないように気をつけるつもりです。

まあ、うまく書けている作文と言っていいだろう。去年のことを思い出して、説明を再構成しているところがいい。話によると、とか、よほどいたかったらしく、などの表現で、伝聞をまとめているのだというのが、ちゃんとわかるところが優れものだ。……らしく、という表現が重なりすぎているが、目くじらを立ててはいけない。この子は、……らしく、という表現法を最近知り、使ってみたくてたまらないのだ。そういうことこそが、成長のきっかけなのである。

ところで、この作文の文章の末尾は「ました。」「です。」「でした。」の三種類である。つまりこれは〈です・ます〉体で書かれているわけだ。

そして、小学生の作文は、まずほとんどが〈です・ます〉体で書かれる。別にそのように書けと指導したわけでもないのに、ごく自然に子供はそっちを選ぶのだ。

「きのう、遠足に行きました。」と子供は書く。それを、「きのう、遠足に行った。」と書く子はほとんどいない。

おそらく、子供は〈です・ます〉体こそが作文用の文体だと思っているのである。なぜその文体を選んでしまうのかというと、子供は、この作文を誰が読むのか、ということを強く意識しているからだろう。

作文とは普通、書いたあと先生に提出するもので、つまり先生が読むのである。私のやっていた作文教室ならば、東京先生となのっている私、作家だときいているよそのおじさん、が読むわけだ。とにかく作文を書けば、それを読むのは普通大人である。

大人が読むんだと思うから、ぶっきらぼうで、ナマイキな感じのする〈だ・である〉体は使えないのだ。大人に対しては礼儀正しくしなければ叱られる、という思いもあり、ナマイキな感じなのは好かれない、ということも知っているから、無意識のうちに、あどけない〈です・ます〉体を採用するのだ。考えてみると、子供とはそんなにも大人の顔色をうかがっているのかと、胸が痛くなるような話である。

どうも子供とは、大人に嫌われたら生きていけないかもしれない、なんてことを本能的に知っているらしい。だから作文には、かわいらしく〈です・ます〉体の文章を書くのが普通なのだ。

ところが、子供がふいに〈だ・である〉体の文章を書くことがある。そうしてごらん、と言ったわけではないのに、場合によってはそっちを書くのだ。

次の作文がその一例である。

山ねずみのぼうけん

五年生　男子

ぼくは、山ねずみ。一人たびをしている。今日の朝に出発した。どんなきけんがあるかわからない。しかし、そんなことにはかまわず、たびに出ようとした。

出発して、5時間くらい歩いたのでつかれた。のどもかわいた。そんなことを考えながら歩いていくと、湖が見えた。

「わあい。」と飛びこんだ。不思議な感じがした。力がわいてきたからだった。湖から少し歩いていったら村があった。たずねてみると、遠い村からきた人だと、とてもかんげいされた。

村長さんに、名前をきかれた。こまってしまった。名前なんてないからだ。しばらく考えて、

「名前は、ありません。」
と、正じきに言った。そしたら村長さんが、
「そりゃいかん、名前をつけてあげよう。」
と言ってくれた。それだけでも、山ねずみはうれしかった。村長さんは、しばらく考えていた。それから、大きな声で、ラッキーがいいと言った。山ねずみも、賛成した。（後略）

この作文では、文末が〈です・ます〉ではなく、言い切りの形になっている。その理由は、これが、この子の作った物語だからである。

「遠足に行きました。」というようなことは、自分についての事実の記述だ。そういうところでは、子供らしく、〈です・ます〉で語らなければならない。

しかし、作った話ならばちょっと事情が違ってくる。

内容は稚拙でも、自分で作った話を語るならば、子供ぶりっこをしなくてもいいのだ。なぜならば、その物語を語る自分は、その話の絶対の話者なのだから。

物語の話者は、もともとの立場から離れて、自由に語ることができる。そんなことが、小学生ですら、なんとなくわかっているのだ。

ここで種あかしをすると、この山ねずみのお話を書いた子と、腹まくえんのことを書いた子とは、同一人物である。

いつも〈です・ます〉体で身辺のできごとなどを書いていた子が、ある時作った物語を書いてみたくなり、その第一作目で「山ねずみのぼうけん」を書いたのだ。そうしたら、誰に言われたわけでもないのに、文末が言い切りの形になった。彼はその時絶対の話者の立場に立ったのだ。

小学生でも、直観的にそこまでわかっているのである。

実は小学生も、六年生ぐらいになると、自分のことを〈だ・である〉体で書けるようになる子がいる。いよいよ子供から抜け出そうとしているのだ。

「ぼくのしょう来の夢はサッカー選手だ。ぜったいになってみせる。」

なんて書くのだ。こう書けるようになった時、この子は成長の喜びの中にいる。

さてそこで、我が子の作文をうまくしてやろうと指導している親としては、四、五年生ぐらいの子に、こう言ってみよう。

「うちで書いてる作文なんだもの、いい子ぶって、〈です・ます〉で書かなきゃいけないことはないいんだよ。大人っぽく決めつけるように書いたっていいんだ」

それだけで、その子の成長を一、二年早めることができるだろう。そしてその子は、書いて自分を表現するってことを楽しむはずである。

第13回　接続詞を教えよう

わが子の作文がなかなかうまくならないのでガッカリしているお父さん、お母さんが多いだろうが、気を長く持ってほしい。そう簡単に子供は成長してくれません。見る見る作文がうまくなっていく、なんてことはないのだ。

でも、成長しない子もいないのである。子供はゆっくりとだが確実に成長していく。

私が作文教室をやってきた体験から言えば、どんな子だって、一年間まずまず楽しんで作文を書き続ければ、必ずうまくなる。上達の遅い子でもどこかひとつここはよくなったな、というところがあるし、わかりの早い子だとあれもこれも一年前とくらべれば達者になったものよ、と思えるのだ。

だから、星一徹はあせらずじっくりと指導を継続しよう。

そこで、まずは次のような、あまりうまくない作文を読んでもらいたい。うまくないと言うより、はっきり言うと、へたですぞ。

えんそくのこと

三年生　男子

きのう、えんそくにいきました。さいしょにちかてつのところまであるきました。ちょとつかれました。

それでやっとつきました。

それでさいしょにすいぞっかんにいきました。それですいぞかんの3かいにいったらつくりもののペンギンのたまごにさわれるところがありました。

それですぐにつくりもののペンギンのたまごにさわってしたにいきました。

それでもういっかいしたにいったらヒトデがさわれるところがあったからヒトデをさわったらうごくかなあーとおもったらうごきませんでした。それでさわったあとてをあらってからしたにいってすいぞっかんからでました。それではんこを2つおしました。


三年生にして、漢字がひとつもなしである。それから、実はこの字はかなり乱暴できたない。これは何と書いているのだ、と解読しなければならないところもある。

しかし、この子にだって国語力がないわけではない。何があって、何をしたかをちゃんと説明できているではないか。そして、妙に上下の位置感覚がある子だなあというのが、三階へ行って、下に行って、下に行って、というような書き方からうかがえる。

字が乱暴だから、作文を書くのをいやがっているのだろうかと思ってしまうが、この子は六年生まで四年間も教室に通い、毎週毎週乱暴な字で作文を書き続けたのだ。もちろん六年生の頃にはいくらか漢字も見られるようになった。

この子は、体験を記録する能力はちゃんとあるのだが、うまく書こうという欲が最後までなかったな、というのが私の印象だ。でもそれなりに、ゆっくりとは上達した。

さてそこで、この子の作文を分析してみよう。この作文が、ただしたことをずるずると並べていくだけの、典型的な、体験書き並べ作文だというのはすぐわかるだろう。だから焦点のしぼりきれていない、散漫な印象の作文になっているのだ。

そして、この子の使っている接続詞に注目してほしい。この子はまず、「さいしょに」で話を始める。そして、それ以後の文章をすべて、「それで」という接続詞でつないでいくのだ。

つまりこの子は「それで」という接続詞しか知らないのだ。知識としてはほかの接続詞も知っているのかもしれないが、使えないのだから知らないのと同じだ。

「それで」しか接続詞がなければ、事例をずるずると並べていく作文しか書けないのが当然だ。

接続詞とは、文章に論理的構造をもたらし、展開を生むものである。

たとえばの話、「ところが」という接続詞を使おうとすれば、それが使えるだけの話の展開が必要だ。当然誰しも××だと思うところだ。ところが、そうではなかった、という論理構造がないと「ところが」は使えないのである。

「ただし」を使うためには、××だけは例外だよ、という認識を持っていないといけない。

「または」を使うためには、二つの考えを並べるんだという意識が必要だ。

「それから」には、もうひとつつけ加えよう、という意識が必要。

「だから」は、原因を書いたあとに、結果を書く時しか使えない。原因を書かないでおいていきなり、「だからぼくは朝ねぼうをした。」とは書けないのである。

というわけで、接続詞を豊かに使うためには、いろんな思考法ができなければならないのだ。説得力のある語り方のために、話の展開に工夫をするということだ。

でもって、そのことを逆から言ってみるならば、子供の作文の中の接続詞を豊かにしてやれば、その作文は自然に複雑な構造を持つようになるということだ。

たとえば子供に、「『しかし』という接続詞を使った文章を書いてごらん」と言ってみるとしよう。それをやってみて、次のような文章は書けない。

「ぼくのたんにんの先生は山田先生です。しかし山田先生は男です。」

「しかし」を使おうとすれば、自然に次のような書き方になる。

「女の子は人形やままごとが好きで、おとなしくてすぐ泣くのがふつうです。しかし、ぼくの妹はぜんぜんそうではありません。」

「しかし」を使うためには、そのための構造が必要であり、それを使おうと考えると、ちゃんとその構造が出てくるのだ。

であれば、星一徹はわが子に、接続詞の刺激を与えてみるところであろう。

これは、四年生以上の子にやってみるといい手で、三年生以下の子にはちょっとむずかしいと思う。

「今日の作文の中に、どこか一ヵ所でいいから『しかし』を使ってごらん」と言ってみるのだ。

子供が、どうしてもうまく使えない、と言ったらすぐその場で見本を作ってあげよう。すると、そういうことか、とわかってくる。

そんな、接続詞ゲームを、思い出したようにやってみるのだ。

「今日は、『ところが』を使って作文を書いてみよう」

「今日は、『それとも』を使おう」

そんなふうに、接続詞で子供の国語力に刺激を与えてみるのだ。小学生に対していい刺激になりそうな接続詞は次にあげるようなものだろう。

「それで」「だから」「すると」「けれど」「ところが」「なのに」「そして」「それから」「その上」「ただし」「または」「それとも」「次に」

これらの接続詞について、これは順接の接続詞だな、これは逆接だな、これは並列だな、などという説明をすることはできる。でも、そういう文法のことは意識しないでい

い。文法などわからなくても、たとえば「なのに」を使おうとすれば自然にその論理構造が出てくるのだ。次のように。

「ついに一着でゴールインした、とぼくはよろこんだ。なのに、そこはまだゴール地点ではなかった。」

小学校高学年の子に、接続詞を意識させる、という面白い指導法である。月に一度くらい、ひとつずつやらせてみよう。あまりたたみかけると、考えるのがつらくなるから、たまに。

そしてもちろん、使い方がヘンでも文句を言わず、見本を見せてやればいいのである。

第14回　箇条書きという手もある

子供を見てて面白いなと思うのは、時々いきなり優れものの技を見せてくれたりすることだ。教えたわけでもないのに、どうしてこんな手を知っているんだ、と思うような高度な技を使ったりする。

その理由は言うまでもなく、子供は大人を見ていて、あれを真似してみようと学習しているからだ。教えたわけではない、どころか、大人が近くにいるだけで知らず知らず何かを教えているのである。

親はわが子に、しゃべり方や行動のパターンや、人生観までを自然に教えてしまっている。

テレビ番組の構成とか、漫画のストーリー展開なども、子供にいろんな技を教えている。だからすべての大人には、子供を教育しているんだという自覚が必要なのだ、というのは教育論だから、ここでやらなくてもいいのだが。

子供は面白い技を自分で見つけてくることがある、というのがここで言いたいことである。

文章の中で、説明などを箇条書きにすることがあるが、あの技を子供が自分で発見するケースがある。もちろん、教科書の文章にだって、原因や結果を箇条書きにしている場合があるのだから、そんなものに触れて学習して取り入れたのだろう。

次の作文は、典型的な箇条書きではないのだが、その考え方を取り入れたものである。

もし、わたしが××だったら

三年生　女子

わたしは、ときどき、ねこはいいなと思います。

なぜって、きまぐれでみんなにかわいがられたり、テストもしなく、ずーっとあそんでいるんだもん。

でも、一つかなしいとこがある。

それは人間とおしゃべりができないから。

もし、わたしが本だったら、いい本になってたいせつにつかってもらいたい。

もし、わたしがハムスターだったら、やさしい人にもらってもらい、たのしいせいかつをし、うんどうして、いいハムスターになりたい。

もし、わたしがキリンだったら広い広い草げんや、の原をかけまわり、じゆうに生き、のびのびと生きたい。

もし、わたしが学校だったらいいこうちょう先生につかってもらい、いい学校にしたい。

かわいい作文である。もし自分が何かだったら、と考える時に、本や学校なんてものが出てくるところが子供の発想の豊かさだ。そしてこの子は、本だったらどう使ってほしいとか、ハムスターだったらどういう人に飼われたいなどと、関係性を重要視している。思いやりのある子かもしれない。

さて、箇条書きだ。この文章上のテクニックは、子供にとってもそうむずかしいものではなく、やってみると普通に書くより説得力のあるものが書けるので、有効である。ちょっと説明してやれば、子供にもやり方はすぐのみこめる。

「『ぼくの（わたしの）お父さんのいいところと悪いところ』という題名で、いいところを三つと、悪いところを三つ並べてごらん」と言ってやればいいのだ。

低学年の子なら三つがふさわしく、高学年の子なら五つがいいだろう。

・働いてお金をかせぐ。

・遊んでくれて楽しい。
・いろんなことを教えてくれる。

なんてところが、ありがちなお父さんのいいところだろうか。でも、子供というのは時としてとんでもないことを言いだすから楽しい。

・パチンコの名人である。

なんてのが出てくるかもしれない。

悪いところの中に、

・おならをする。

なんてのが出てくるのも、またよろしし、である。

高学年の子で、いいところ、悪いところを五つ考えなきゃいけないとなると、頭の中で思考がぐるぐると回転するはずである。

それをもう一歩進めたところに、列記ゲーム、というものが生まれる。これは、言語能力と、思考力と、ギャグの力を育てる面白い指導法である。

「『ぼくのすぐれているところ』というのを、十項目書き並べてごらん」と言ってやるのだ。

十項目並べるのはとても大変である。まともに考えていては、十は出てこないのだ。そこで、苦しまぎれのギャグが出てくるはずであり、それを考えるというのが思考力トレーニングになるのである。
・宿題をちゃんとやる。
・鉄棒がうまい。
なんてのはまともだが、こんなのが出てくるかもしれない。
・何でもよく食べる。
・夜、すぐ寝てしまう。

そういう妙なのが出てくることこそ大歓迎である。親はそれを読んで、わっはっは、と笑ってやろう。子供にはそれで、これは遊びなんだ、とわかる。どんどん面白いことを考えだすはずである。

子供が、次の休みに遊園地へつれていって、と言うのだとしよう。そうしたら、こう言ってみるのだ。

「だったら、『ぼくが遊園地に行きたい七つの理由』というものを書いてごらん。それを読んでなるほどと思ったらつれていってやる」

あきれた屁理屈を七つ考えだす、という遊びである。遊びではあるのだが、これは実は文章力にとって非常に重要なものなのだ。

私の初期のユーモア短編小説に、『結婚したい女性　百三の条件』というのがあるが、結婚相手に百三の条件をつける、ということ自体がギャグなわけである。しかもそれを、徹夜で考えて、ヨレヨレになってついに百三項目作りだしてしまう男がいて、笑っちゃいますね、なのだ。

この、無理矢理多項目を並べてしまうゲーム、は場合によってはやってみるといい知的な遊びである。

それとは別に、普通の、いくつかを箇条書きにするという書き方も、子供たちにやらせてみよう。そのためのいちばんてっとり早い方法は、お父さん（お母さん）が、そういう書き方をして見せてやることである。

では最後に、箇条書き作文の名作をお目にかけよう。これはかなり優秀な男子が書いた大傑作である。

地図全図

六年生　男子

地図原則

①地図を信用してはいけない。

②そもそも、地図を見てはいけない。

③もともと、地図を手にとる時点でいけない。

これが、地図を見るにあたっての基本原則である。これは、国土地理院発行のものから手書きの略図まで全てにあてはまる。詳しいものは間違えやすく、略図は勘違いしやすいからだ。自分の勘でいった方がよっぽど早く着ける。しかし、本当に自分の行った事のない土地で地図に頼らざるを得ない時は、①と合わせて次の原則ができる。

④左折は右折、右折は左折、北は南、西は東として動く。

私がこの原則に基いて行動すると、いつも簡単に目的地に着く事ができる。何故だろう、いつも不思議だ。

この子はすごく本を読んでいる並外れた子だったのだが、それにしてもうまいものでしょう。

第15回　形容詞は心の響き

文部科学省所管の財団法人「総合初等教育研究所」というところが、二〇〇五年一月に小学生の漢字の読み書き能力の調査結果を発表して、新聞やテレビのニュースが大きく報じるということがあった。

たとえば、一年生で三日月を正しく読める子は一七パーセントしかなく、さんにちづき、なんて読む子が多いとか。三年生で川下の正読率は一八パーセントで、かわした、なんて読む子がいるとか。四年生で米作を読める子はわずか一パーセントで、こめさく、と読んじゃうとか。

書くほうでは、三年生が後悔を、公悔と書いちゃうとか、四年生が交代を、交対と書いちゃうとか。

木かげが小かげになり、落書きが楽書き（古くはこの書き方もあったのだが）になり、田園地帯が電園地帯になってる、なんてことも伝え、小学生の漢字能力はこんなにも低い、とさわいでいる。

発表する研究所もさわぎ、新聞もそれを大問題ででもあるかのように報じ、ニュースのアナウンサーは、日本の未来を憂えるような口調で心配してみせるのだ。

私はそれを見て、大人ってなんてせっかちなんだろう、と思う。子供が、習ったことを全部身につけていないからといって、何をそううろたえるのであろうか。三年生で川下が読めない子も、多分六年生になれば読めるようになるだろうに。いや、ずっと川下が読めないまま大人になってしまう子もいる。でもそれは、仕方のないことなのである。習ったことを全部覚える子がよい子、とのみ考えるのは、人間の価値を狭く考えすぎていると思うのだが。

多くの子供は、そう優秀ではない。それは当然のことで、お父さんだって周りの社員を見まわしてみればわかることだ。すべてが優秀で何でも知ってる社員ですか。ほら、あいつはなあ、なんて社員もいるでしょう。しかし、その社員はクビにすべきかというと、そうでもないのだ。その人の能力も確かにあるのだから。

漢字の苦手な子もいて、いてもいいのである。

もちろんこれは根本のことを言っているのであって、先生たちが漢字の教育をいろいろ工夫して、熱心にやっていこうとするのは、価値ある努力だと評価するのだが。

むだ話をしてしまったが、私が言いたかったのは、当然のことながら子供とは未熟なものである、ということだ。だからこそ、あわてないでじっくりと教育しなければならない。

たとえば二年生が書いた次のような作文を読んでみよう。

二年生　女子

どうぶつえんにいった

きょうどうぶつえんにいきました。

なんのとりかわすれたけどしらない男のこがおはようっていったらそのとりもおはようって言うからびっくりしました。

きりんがくびがながくてそのきりんはまるまってるからきりんのくびがみじかくみえました。わたしよりせがたかくてびっくりしました。きりんみておもしろかったです。

どうぶつえんでペンギンをみたらかわいいけど、1かいへいってみるとすっごくくさかったです。1かいにいくとペンギンが1ぴきもこなかったです。2かいにいくとペンギンがまるまっていました。かわいかったです。およぎかたもかわいかったです。

どうぶつえんすごいたのしかったです。
ペンギンがすごいかわいかったです。
またいってみたいです。

もちろん未熟な作文である。行く、とか、男の子、ぐらいは漢字で書けてもいいんじゃないの、とも思う。ペンギん、という表記には笑ってしまうし、そのペンギンがどこにいて、なぜまるまっているのかがよくわからんな、とも思う。

でも私は、これを悪い作文だとは思わない。この子は、動物園がかなり楽しかったのだ。だから、興奮気味に次から次へと動物のことを書いている。

そして、よく読んでみると、きりんもまるまっていれば首が短かく見えるとか、ペンギンはかわいいが近寄ってみればすごくくさいとか、いい観察をしているのである。楽しくもなかったのに、先生に命じられて書くおざなりな作文だったら、こういう観察は出てこない。ただ、行きました、動物がいました、見ました、というだけのつまらない作文になる。

「そのとりもおはようって言うからびっくりしました。」

そのびっくりを書いているのが、この作文のよさである。心が動いているのだ。

きりんを見ました、だけよりも、きりんを見ておもしろかったです、と書くほうが作文としていいのだ。おお、この子の心は躍っているのだ、と感じる時、伝わってくるものは大きい。

おもしろい、という形容詞が使えるためには、感動が必要なのだ。一般に形容詞とは、心が動いた時に使いたくなるのである。

この作文の中に使ってある形容詞を抜き出してみると、こうだ。

「ながい」「みじかい」「たかい」「おもしろい」「かわいい」「すごい」「くさい」「たのしい」

これらの言葉が、状況をありありと伝える役をはたしていて、しかも心の動きを感じさせる結果になっていることがよくわかるであろう。

「バナナを食べました。」だけではとりつくしまもないというものだ。「皮が黒いバナナを食べたらおいしくなかった。」と書いてこそ、状況がわかり、心がわかるのである。

というわけで、お父さん(お母さん)は、子供の作文の中の形容詞を数えてみよう。そして、形容詞が多いほど作文はいきいきしている、ということを知っていよう。

念のために言うと、「きれいな」とか、「乱暴な」などは文法的には形容動詞ということになるのだが、そこまで厳密に分けることはない。それもものの状態を形容する言葉だと受け止めて、数のうちに入れればいい。

そういう形容詞をほとんど使わない作文がもしあったら、おそらくその作文はぶっきらぼうである。

そんな時は、親が質問をしよう。もっと形容詞を使え、なんて言ってはダメで、きいてみればいいのだ。

「ここに、バナナを食べた、とあるけど、どんな色のバナナだったの」

「青いバナナだった」

「じゃあ硬かったのか」

「ううん。柔らかかった」

「おいしくなかったのか」

「おいしかったよ」

こんな会話があれば、ものを形容する言葉がいっぱいあるんだということが、自然に子供にもわかるのだ。それを書いたほうが、よくわかってもらえる、と思えるようになる。

日常生活の中の会話でも、物事は形容すればよくわかる、と伝わるようなやりとりをしよう。たとえば転校生がきたよと子供が言うなら、こんなことをきいてみるのだ。

「かわいい子なの」

「背が高いの」

「髪は長いの」
「大人っぽい子なの」
「なまいきそうなの」
「意地悪そうなの」
「優しい感じなの」

いつもそういうことをきく親の子は、いつの間にか、物事はくわしく説明するほど明瞭によくわかる、ということを知っていくだろう。形容詞は心の響きなのである。

第16回　手紙はチャーミングに

子供に手紙を書いてみましょうよ、そうすれば、お子さんだって返事を書くってものです、というところから本書は始まった。手紙を書くというのは、作文の入口にあることである。

ところが、手紙を書くのは決してやさしいことではない。大人だって、必要があって手紙を書きながら、こんなんでいいのかな、と自信が持てないことが多いのである。

その証拠に、本屋に行ってちょっと調べてみるだけで、手紙の書き方を指導する本を夥《おびただ》しく見つけることができる。また、私が出した『大人のための文章教室』（講談社現代新書）の中にも、〈手紙の書き方の裏技表技〉という章があるのだ。

さてところで、普通に人々が、手紙の書き方はこんなんでいいのかな、と不安に思い、自信が持てない時というのは、定められた型をちゃんとふまえているだろうか、と思う時のような気がする。つまり、手紙というものには、常識ある大人として外してはならない形式があるのであり、それをちゃんと守っているだろうか、というのが多くの人の心配なのだ。

そのことは、手紙の書き方を指導する本を見てもよくわかる。そういう本では、ひたすら定型はこうだ、ということを教えているのである。

「拝啓」とか「一筆啓上」とか「前略」などの頭語をまず書く。

次に、時候の挨拶などの、前文を書く。「新緑の候、いかがおすごしでしょうか。」などというあれだ。

その次に書きたい内容である、本文を書く。

そして、しめくくりの末文だ。「風邪などひかないよう、ご自愛下さい。」なんていうやつだ。

「敬具」や「頓首《とんしゅ》」や「草々」などの結語をそのあとへつける。

日付や、自分の名、相手の名などを書くのが後付け。

そしてもし書きもらしたことがあるのなら、「追伸」などの追って書きをつける。

というようなことをあの種の本は懇切丁寧に教えてくれる。そして、新緑の候や猛暑の候や紅葉の候などの、どんな候があるかをずらりと並べているのだ。

それから、手紙の中では自分のことをへりくだって悪く言わなければならないことを教えてくれ、それ用の用語を指導する。自分のことは小生で、自分の妻は愚妻で、自分の子は豚児《とんじ》だ。自分の家は拙宅で、自分の本は拙著で、自分の珍しさは拙珍だ（最後のだけはウソ）。

そういう決まりごとを、手紙の書き方の本は教えてくれるのであり、確かにそれを守れば型を外さない手紙は書けるだろう。

ところが、そういう型通りの手紙が、人の心に届くいい手紙かというと、必ずしもそうではないのだ。会社や団体から行事の予定をしらせてくるような手紙ならそんな型通りの手紙でいいが、気を許しあう友人の間で、なぜ型通りに書いているのだ、という違和感だってあるのである。

つまり、うまい手紙というのは、型は知っていつつ、その型をすいと外して本音をもらすようなテクニックを持っている。心を伝える感じがある、というのがいい手紙なのだ。

さて、子供の書く手紙である。子供の手紙にも、基本となる型はある。

おじいちゃん、おばあちゃん、お元気ですか。ぼくも元気です。

夏休みにおじいちゃん、おばあちゃんの家へ遊びに行くので、今からたのしみにしています。畑のすいかを食べたいです。

暑いですが、体を大切にして下さい。では、夏休みに遊びに行った時はよろしく。さようなら。

こんなところが、子供の手紙の定型である。子供はかなり強く、手紙はこういうふうに書かなくちゃ、と思っている。大人が、手紙の書き方の本を読んでそこから外れないようにするのと同じように。

しかし、大人が型から離れてこそいい手紙が書けるのと同じように、子供も、そんな通りいっぺんの手紙でなく、ぼくが感じていることを伝えよう、と思ったり、楽しく書いて笑わせてやれ、と思った時に、味のあるチャーミングな手紙が生まれる。

小学生の手紙をひとつお目にかけよう。

六年生　女子

おじいちゃんへ

おじいちゃんこんにちは。体のぐあいは、どうですか。

もうすぐ退院ですね。早く元気になって下さいね。みんなも心配しています。

らい月は、誕生日ですね。おじいちゃんは甘い物が好きですね。

チョコレートがいいですか。おしえて下さい。

病院の食事は、どうですか。おばあちゃんの食事よりはましだと思います。

私は、いま、いたずらにこってます。

たとえば、お母さん服をきて化しょうをしたりしています。けっこう楽しいですよ。おじいちゃんも、おばあちゃんに一ついたずらをしては、どうでしょうか。日ごろのうらみとして。

それと、松坂屋のエレベーターでおならをしないで下さい。

さようなら。

まず、事実をきちんと言っておこう。これは、この女子が本当におじいちゃんに出した手紙ではない。

私の作文教室で、塾長である私の弟が、今日は手紙を書いてみよう、という課題を出したのだ。誰にあてた手紙でもいい、と言われてこの子は、入院中のおじいちゃんへの手紙にした。本当には出さないから、ちょっと遊んでもいい手紙だ。

しかし、だからこそこの手紙はなかなかの名品である。

おばあちゃんの食事よりはまし、だとか、おばあちゃんへの日ごろのうらみとして、なんてところに、絶妙な、ややブラックなユーモアがある。それをさりげなくはさむ、そのタイミングがいい。

松坂屋のエレベーターでおならをしないで下さい、というのはこの、一見真面目に書いている手紙のオチである。ラストでスコンと落とすこのテクは大したものだ。

この例は、本当に出す手紙ではないからこそこう書けたのだが、あなたもわが子に、手紙を面白く書いたっていいんだよ、と言ってみてはどうだろう。

一通りの挨拶は書く。

用件はちゃんとわかるように書く。

そしてそれに加えて、少しはふざけたことを書いたっていいんだよ、だ。

もちろん、誰にあてた手紙か、というのが問題になるのだが、お父さんやお母さん、おじいちゃんやおばあちゃんに出す手紙なら、おかしなことを書くなあと、笑わせてもいいのだ。

そして、届くことのない手紙、というものを書くのもいいトレーニングになる。たとえば、神様に、今度の日曜日は晴れにして下さい、と頼むような手紙である。

アニメのキャラに、あなたはどうしてあんなにカッコいいんですか、というファンレターもいい。

ぼくをジャニーズ事務所に入れて下さい、という手紙や、アイドルに、私のデザインした服を着て下さい、という手紙を書いてみるのだ。そういう遊びである。

そんな手紙を書こうと思うこと自体が刺激に満ちていて、とてもいい訓練になるのである。

第17回　観察文はクールだが

さて、このあたりで、作文指導におけるなかなか微妙で、重要なことを考えてみようと思う。その微妙なこととは、文章の説明力と文学性の問題である。

たとえば、これは私が即興で作った例だが、子供の作文の中に次のような文章があったとする。

「休み時間に、ぼくの近くを走っていた一年生が、つまずいていきおいよくころびました。その子のおでこから血が出ました。みんなが先生を呼んで、その子は泣きながら医務室へつれられていきました。」

そしてこのあと、「ぼくは体育の授業を受けました。」と作文は続いているのだとする。

こういう作文を読むと、大人はつい口を出したくなる。ほら、あなたにも言いたいことがあるでしょう。

一年生がベタンところんで血を流して泣いているんだよ、と思いませんか。それなのに、そのあとぼくは体育の授業を受けました、ってのはないだろう、と思うでしょう。

小学校の先生もそう思うのだ。そこで先生は、赤ペンで一年生がころんだところに、こう書き込む。

「その時、キミはどう思ったのかな。それを書くと作文がよくなるよ。」

大人はついこう言いたくなるのだ。

いや実は、私も小学生の作文教室をやっていて、初めの三年間ほどはそんなことを何度もアドバイスしていた。

それを見てどう思ったの、どんな気持がしたの、その心の動きを書こうよ、という指導だ。

心を書いてこそ作文はよくなる、という考え方である。

「ぼく一人だけおもちゃを買ってもらえませんでした。そのあとデパートを出てレストランへ行きました。」

「エジソンは生涯で百以上も発明をしました。そして、何歳で死にました。」

こういう作文を読むと、ぼくだけ買ってもらえなかった悲しさを書こうよ、とか、エジソンってすごいなあ、という感想を書いてよ、と思ってしまうのだ。

つまり、心模様を書いてこそいい作文になる、という考え方である。

しかし、実はそれは、作文に文学性を求めているのである。人間の心の動きを感じ取ってそれを表現するというのは、まさしく文学的なことである。

国語の先生になっている人というのは、小説が好きな、文学的感受性の鋭い人であることが多い。そういう人だから国語の先生になったのである。

だからつい、子供にもそういうセンスを求めてしまい、その時あなたはどう思ったの、というのを言いつのってしまう。

私も、小説家になるぐらいだから人間の心の動きに敏感で、もっと心を書いてくれ、と言っていた。

確かに、そう言われて心の動きも書くようになり、子供の作文がよくなることもあるのである。だからその指導法がよくないとは言わない。

しかし、何年も作文教室をやっているうちに、私はあることに気がついた。そういうふうに心を書けと言われると、ある種の子供は、途方にくれてしまうのだ。

心なんて非常に複雑であり摑みどころのないもので、それを書けと言われてもうまくできないや、と思うのだ。

それどころか、その時どう思ったのと言われても、別になんとも思わなかったしなあ、なのだ。

そんなふうに、心の動きの鈍い子もいるのだ。あまり文学的な繊細さのない子である。

だが、それがないからといってその子が劣っているのではない。そういう子には理科的な観察眼があったりするのだ。論理的思考能力が高いとか、データ処理能力において優れているとかだ。

つまり、人それぞれに個性があって、持っている能力は千差万別だということだ。それなのに、すべての子を文学的感受性の側に導こうとするのは考えものなのである。観察眼のある子には、その観察眼を高めるように指導してやるべきである。論理的に考えられる子は、その力をのばしてやればいい。

作文なんだし、国語なんだし、文学を解する力を高めなきゃ、というのは偏った考え方である。国語という教科の目的は言葉の力を高めることであり、文学力をつけさせることではない。作文を書くねらいは、伝える力をつけさせることで、子供を文学的にすることではないのだ。

もちろん、心に敏感な子ならばその力を育ててやればいいのだが、すべての子をそっちへ導くことはないのだ。

そんなことをわかってもらうために、次のような作文を紹介してみよう。

めだかがしんだこと

三年生　女子

わたしは、まえめだかをかっていました。買うときに、金ぎょもいたのでまよいました。金ぎょはどこでも買えると思ったのでめだかを買いました。それからだんだんしんでいったので、たまごを買いました。たまごからだんだん大きくなっていきました。さいしょは、目からでてきました。目は、でめきんのように大きい目でした。つぎはとうめいの体がでてきます。それからだんだん白っぽくなってきました。体がたまごの中でくるくるおどるようにまわっています。もうほとんど大きくなってきました。めだかになって2センチぐらいの大きさです。たまごからでるときは、でたがるようでおしやぶってでてきました。またしんできたので、土の中にうめてやりました。こんどは金ぎょを買いました。五ひき買いました。赤い金ぎょはなかなかしにませんでした。いま、めだかのいきているかずは4ひきです。金ぎょは、まだしなないなとあんしんしてたらオレンジ色のうすいのがしんでいました。オレンジ色のうすいのは、もうみんなしんでしまいました。まだだいぶ金ぎょはのこっています。水そうもかえることにしました。水そうは金ぎょやさんで買いました。

金魚とめだかがバタバタ死んでいくという壮絶な記録文である。なのにこの子は作文の中に、かわいそうだとか、悲しかったですとはいっさい書かない。

国語の先生はつい、めだかが死んだときどう思ったの、と口を出してしまうだろう。

だが、この子にとって自分の気持はそう重要なことではないのだ。この子は理科的な観察眼を持っていて、金魚やめだかがどのように生まれ、どのように死んでいくのかをじっと観察しているのだ。

めだかが卵の中で成長していく様子の観察の確かさは素晴しいではないか。まず目ができて、透明の体がだんだん白っぽくなってきて、卵の中でくるくるまわるというのだ。そして卵をおし破って出てくる。この科学的記述を大いにほめて、この力をのばしてやらなければならない。

子供に、何かの観察文を書かせるのはとてもいいことである。よく見て、どうであるかを、ひとに伝えなければならないのだから、知的刺激に満ちている。

アサガオの成長とか、幼虫が、サナギになり、チョウになることとか、ぜひとも観察文を書かせてみようではないか。

お手本は『ファーブル昆虫記』である。子供用のその本を買ってやろう。

そして、原則として、観察文に心の動きの描写は求めなくていい。まずは、事実を正確に見て、それをひとに説明できるのが、観察文の目的である。

第18回　調査報告文を書ける才能

では次に、まず左の作文を読んでもらいたい。子供の書く作文としてはちょっと異色のものだが、大人が課題を与えて書かせたものではない。この子は自分の意思で、ある時ふいにこれを書いたのだ。

しずんだ船を見て

四年生　男子

TITANICは氷山にあたってしまった。しかも当時ではいい鉄だが現代では質がわるいのだ。しかも乗客は、かなり死んでいる。

なぜかと言うと救命ボートがたりなかっただけでなく、マスコミもわるい。なぜかと言うと不沈船とよんだからである。けれど乗客もわるい。不沈船だと思い救命ボートにのらなかったからである。だから一五一七人助かる予定が七〇六人だったのである。それに当時の鉄は氷がゴンとあたっただけで穴があくのだ。しかも図1のように二重こうぞうでないのである。だから沈むのである。
TITANICはどれか二区域水が入ってもうくようにせっけいされていた。(前四区域でもうく)
が前五区域では船体がむりでした。そして氷山にしょうとつし一時間半後(二時二〇分)ちんぼつ……。穴があいたのは一平方メートルだった。(毎秒七トンもの水が入った)
だからぼくはこういう船をつくりたい。(ここからは図)

図入りの作文なのだが、その図は省略した。タイタニックの船体の構造の図などである。

この作文を読んだ時は驚いた。というのは、四年生の男子であるこの子はもう一年半近くも作文教室に通っているのに、あまり見所のない作文しか書けなかったのである。学校で図工の時間に模型の船を作った、なんてことを書いてきて、そこにただ、こうやって作った、うまくできなかった、とだけ書くような、盛り上がりのなさである。

作った、できた、提出した、とだけ書いて、その時どんな思いがした、というのをいっさい書かない作文だ。うまく書こうという意欲が感じられず、そっけないほど短く終ってしまう作文。

一般に男子は女子にくらべて国語力が劣るのだが、それにしてもこの子は四年生でこれとは、困ったものだなあと思っていた。あまりに気のない書きぶりなので、何か自分の好きなことについて書いてはどうだい、なんてアドバイスをしていたほどだ。

そうしたら、ある時ふいにこの作文を書いたのだ。おそらく、映画「タイタニック」を見て、その船に興味を持ったのだろう。そこで自分でタイタニックのことを調べて、その結果わかったことを書いたものである。

多少わかりにくいところもあるが、でもこれは小学生が書いたとしては上出来の調査報告文である。タイタニックが沈んだ理由、死者が多かった理由を、とても理性的に分析している。

こういうことなら、ここまで大人っぽく書ける子なのか、と意表を衝かれる思いがした。当然のことながら、私はこの作文をほめた。こういう、自分で調べたことの報告文をうまく書くねえ、とのせるわけだ。これがうまく書けるのは、きみがこのことにものすごく興味を持っているからだよ。興味のあることを本などで調べて、みんなにわかるようにまとめることがきみはうまいんだね。また何か、興味のわいたことがあったらこういう作文を書くといいね。

そんなふうにほめてやったら、その子はそれ以来、時々調べたことの報告文を書くようになった。

学校でやったこと、家であった出来事、行楽したことなどの作文も、一方では相変らず書く。そしてそれが、成長しないなあ、とため息の出るへたさなのだ。

ところがたまに、調査報告文を書く。たとえば、「異常気象世界中で目立つ」とか、「東海村臨界事故」なんていう題名の作文である。「2000年問題」というのもあった。2000年の元日に世界中でコンピュータが誤作動して大変な事態になるのではないかと心配された、あの騒動のことである。そういう心配の生じる理由をきっちりと説明し、どんな事態がおこりそうだと懸念されているのかをまとめていた。その文章の完成度は高く、ほんのちょっと文章を手直ししてやればそのまま新聞に載せてもいいぐらいのものであった。

この子のそういう作文をもうひとつ紹介しよう。

国境なき医師団

四年生　男子

今年のノーベル平和賞は民間医療援助団体「国境なき医師団」におくられることが決められました。

国境なき医師団は一九七一年、フランスで生まれました。生まれた中心となったのは、ナイジェリアのビアフラで起きた内戦の被災地で、国際赤十字のよびかけです。活動するのは自然災害などの被災地、武力紛争の現場、紛争のせいで家がない人たちの難民キャンプなどです。

いまでは十九か所に支部をもつ大きな組織で、年間三千人の医療関係者が八十か国以上で活動しています。

この子が、理科に強いということは誰の目にも明らかであろう。そっちの方面については、興味があり、理解力があり、説明力もあるのだ。

ところが、その次に学校の行事の作文を書くと、とりつく島もない無感動な作文で、へたなのである。

こういう子がまさしくいるのだなあ、と私は感じ入った。人間の個性とはまったく千差万別である。

前項の、めだかが次々と死んでいく観察文を見事に書いて、しかしそこに心の動きをまったく書かないという女の子を思い出してほしい。あの、観察の能力に長けた子を、無理やり文学的な、心の動きを感じ取れるようにという方向へ引っぱろうとしてもうまくいかないのだ。

それと同じように、この理科的事実の調査報告文がうまく書ける男の子に対しては、その能力を伸ばすように指導をするべきである。この子が、学校の行事の作文をへたに書くことは見逃そう。

多くの場合、作文に心の動きを書こうね、と導く指導は有効である。その時きみはどう思ったのかな、それを書くと作文が生き生きしてくるんだよ、というやつだ。

心を書こう、と心懸けると、作文が文学的になり、豊かになる。だから一般的にはそう指導すればいい。

しかし、タイタニックが沈んだ原因についてはこんなに興味を持っているこの四年生の男子は、心になんてまったく興味がないのだ。自分にとって運動会が楽しかったかどうかすら、考えたこともないのだろう。

そういう個性の子には、また別の、その子にふさわしい指導をしてやるべきなのである。

「作文親父」の星一徹には、そういう意味でわが子を観察してもらいたい。この子は、どんなことを書かせた時がいちばん生き生きと、いいものを書くか、の見きわめである。

小学生も高学年になれば、かなり個性がはっきりしてくる。心の動きを書くのがうまい子、物語をうまく作る子、観察文がうまい子、事実を新聞記事のように書くのがうまい子、宣伝コピーのようなものがうまい子。

そういう、その子の能力を見すえて、それを伸ばす教育をするべきである。

第19回　読書感想文は書かせるな

子供の夏休みの宿題に、読書感想文を書け、というのがあって、多くの子にとっては大変な苦痛になっている。

私の考えでは、読書感想文を書かせるのはいい宿題ではない。あれはむしろ害のほうが大きいほどだと思う。

なぜなら、小・中学生にとって、読書感想文を書くのはむずかしすぎるからだ。本を読んでその感想を書けというのは、要するに書評のようなものを書けと言っているわけで、そんな高度なものが子供に書けるわけがない。

しかも、読書感想文を書くということには、よい子ぶりましょう、おりこうぶりましょう、という臭みがプンプン漂っている。推薦図書の中から一冊を読んで感想を書くというやり方の中に、とてもいい本で感動しました、と言うしかないという圧迫がある。

何かうまいお世辞を言わなきゃいけないんだ、と思って本を読むなんて苦痛で、本を読むことまで嫌いになってしまうのだ。

近頃、全国の中学高校で、朝の読書タイム運動というものが広がっていて、子供たちが本を読むようになっているそうだ。今では全国の四割程度の学校で、朝の十分間ぐらい、自分の好きな本を黙読する、という運動が行われているらしい。

その運動のポイントとなるのは、読む本はマンガ以外なら何でもいい、ということと、感想を求めない、ということだそうだ。正しい方針だと思う。あとで感想を求められる、と思うと本を読むことが重荷になってくるのだから。

とにかく、子供に本を読ませたとして、感想をきいてはいけない。感想とは、本を読んだだけで胸の内に生じるもので、しかも時間がたつにつれ育ってくるものなのだから。それをすぐさま、何かうまいこと言ってごらん、と導き出すなんて、本嫌いを育てているようなものだ。

たとえば、次のような読書感想文を読んでみて下さい。

ノーベルを読んで

六年生　男子

一八九六年十二月十日にノーベルは、一生に終わりを告げた。みなさんは、あのノーベル賞で有名なノーベルを知っていますか。ぼくは、前々からノーベル賞のことを知っていますが、なぜノーベル賞があるのか、ノーベルはどんな人かなどくわしいことは、あまりわからなかったのですが、この本を読んで色々なことがわかりました。

ノーベルは詩人でもあり火薬についての発明家でもあったということです。しかし、この時ノーベルは発明家の道を選んだそうです。なぜこの時ノーベルは発明家を選んだのでしょう。もしこの時詩人の道を選んだらどうなっていたでしょう。ぼくの考えではきっとノーベルは気づいたのでしょう。詩は自分のしゅみでやればいいが火薬の発明はたくさんの人々のやくにたつとわかったからだと思います。こういう自分のことより多くの人のことを考えて行動しているノーベルのことが、ぼくには、とってもいだいな人に思えました。

決して悪い感想文ではない。本で読んで新しく知ったことは「……だそうです。」と書くなど記述も正確である。

そして、なぜノーベルは詩人にならなかったのか、という疑問の持ち方に技がある。そこから、ノーベルのヒューマンな立派さへ話を展開しているのは、すごいものを発明したから偉大な人だ、というような感想よりも高度である。

しかし、この感想文はやはり、いい子の感想文になっている。ちょっと意外な角度からではあるが、結局ノーベルは立派だ、という結論に持っていくのだ。だって、学校へ提出する感想文である以上、そこへ話をまとめる以外にやり方はないのだから。

実はこの感想文を書いた子は、ユーモアもあり、皮肉なオチなんかも書ける子である。でも、そういう子ですら読書感想文となると、読んだ本をぎこちなくほめるのだ。きっとノーベルの詩は大したことなく、詩人になったとしても二流だったに違いないとは、思ったって書けない。

先生が喜ぶような読書感想文を書こうとするのは、実は気の重いことである。だから子供は、感想文のせいで、ほかの作文を書くことまで嫌いになる。そして、本を読むことまで苦痛に感じてしまう。そういう意味で、読書感想文は百害あって一利なしなのだ。

これは私の邪推にすぎないのだが、読書感想文を書けという宿題は、ひとつの設問で、二つのことをやらせられるところがよくて出てくるのではないだろうか。つまり、その宿題ひとつで、本を読め、ということと、作文を書けという課題を与えているのだから。

しかし、そんな効率のために子供に読書感想文を書かせてはいけない。

読書は読書で楽しんでしよう、作文は楽しかったこと面白かったことなどを、題材は何でもいいから自由に書こう、ということでなければならない。

もちろん、読書感想文のうまい子もいるのは事実だ。感想文コンクールの入賞作品などを読むと、よくこれほどのものが書けるものだ、と感心してしまう。

しかし、そういう子はごく少数である。おそらく、九割の子供は読書感想文を書くのが嫌いなはずだ。そして、それが宿題だと思えば、ますます気が重いのである。

ということで、次の作文を読んでみて下さい。

わがはいはねこであるについて

六年生　男子

まだと中までしか読んでないが、おもしろい。どこがおもしろいかと言うと、登場人物の名前が、おもしろい。くしゃみ、迷亭、寒月など、へんな名前が多い。次におもしろいのは、主人公がねこである。正月に雑にを食べて、とれなくなったり、行動がおもしろい。

最初、だれかにすてられて、くしゃみ先生の家でかわれるようになった。くしゃみ先生は、胃が悪いので、薬をのんでいる。迷亭は、人の家（くしゃみ先生）にずかずか入ってくる人だ。寒月は、へんな人だ。くびつりの理ろんなど、へんなことを研究している人だ。

まだと中までしか読めてないので、早く全部を早く読みたい。

この作文は、読書感想文ではない。本を読んでその感想を書きなさい、と言われて書いたものではないという意味だ。

この子は、普通の生活作文も書くが、時々、読んだ本のことも書いてくるのだった。私が、面白そうな本を読んだねえ、などと反応するので書く気になるのかもしれない。

とにかく、これは学校に提出する感想文ではなく、ぼくが最近楽しんでいるもの、について書いた文章だ。

だから、この本のここがいい、というまとめにはなっていない。ただひたすらに、楽しくてたまらないんですよ、という思いが伝わってくる作文だ。

そのため、感想文らしいまとまりはない。だがしかし、なんとかして課題図書を持ち上げようとしている感想文より、この作文のほうを私は評価する。とにかく、その本が面白くてたまらないんだという思いが、ひしひしと伝わってくるではないか。気に入っているんだな、ひとにその楽しさを伝えたいんだな、がわかる。

こういう作文を書くのは大歓迎である。しかし、読書感想文を、命じて書かせてはいけないのだ。

第20回　「本の帯」を作ってみる

子供に読書感想文を書かせるのはあまりいいことではない、という主張をしてみたが、しかし、学校がそれを書けという宿題を出すことは現にあるわけで、それに対してはどうすればいいのかだ。作文親父の星一徹としては、飛雄馬よ、それを書くことはわしが許さん、と立ちふさがるのか。

実際には、そういうこともできないわけである。宿題をやらせない、という親の教育方針は、学校の先生に変な先入観を持たせてしまうだろうし。

だからまあ、わが子にこんなことを言ってやるしかない。

「飛雄馬よ、時には敬遠の四球も立派な作戦なのだぞ」

おっと、いけないいな。あんまり比喩ばっかりでしゃべっていると、何が言いたいのかよくわからなくなる。

要するに、お子さんにこんなことを言ってやるのがいいのだ。

「読書感想文はむずかしいよ。だから、うまく書けなくてもしょうがないんだ。なるべく気楽に書くことだ」

　そして、こういうことをつけ加えてもいい。

「その本や、その作者を無理にほめようと思わないで、読んで本当に思ったことを書くのがいいな。上手にお世辞を書いたほうが先生は評価してくれるかもしれないけど、そんなの気分悪いだろ。本当の感想を正直に書けばいいんだよ」

　そんなふうに、重圧感をなるべく減らしてやって、難関をなんとか切り抜けるしかないのである。

　そして、書きあげて学校に提出したら、読書感想文のことはなるべく早く忘れよう。口直しに、書くのが楽しいことを書くといい。

　さてそこで、私はひとつ面白い文章ゲームを紹介しようと思う。私が最近体験して、これは小学生にやらせてみるといいな、と思ったことがあるのだ。

　私の住んでいる杉並区では、中央図書館が中心になって、「『本の帯』アイデア賞」というコンクールをやった。これは、どんな本でもいいから自分の好きな本を一冊選び、それを読んで、その本の帯（腰巻きともいう。表紙の下のほうを包んで細長く巻いた紙である）を作るコンクールだ。実物大に作り、その本に巻くのである。

　私はそのコンクールの審査員を頼まれて、百ばかりの応募作品を審査したのだ。そして、これはとてもいいコンクールだと思った。

本を読んで、それについて何かを書くという点では、読書感想文に似ているかもしれない。しかし、本の帯を作ってごらん、というのは感想文とはちょっと違う、というのを、何より小学生自身が感じ取っていた。

本の帯に書くことは、思わずその本を買ってみたくなる宣伝文なのだ。その本の魅力をうまく伝えて、お客の気を引こうというコピーである。

現代の小学生は消費文化にどっぷりとつかっているから、宣伝コピーを書くなんてことのほうがうまい。それならゲーム的に楽しめるじゃん、という感じなのだ。

そしてこのコンクールは、子供にその本の魅力について考えさせるところが、いい企画なのだ。宣伝するにはチャーム・ポイントがわかっていなければならず、それをどう伝えるかに工夫がいる。

もちろん、コンクールなのだから応募作にはいいのもあり、うまくないのもあるのだが、入選するレベルのものはかなりの出来だった。

いくつか紹介してみよう。大賞に選ばれた子は、『放課後の時間割』という児童文学の本につけた帯で、まず表紙側には、

「天じょうで、

コトッと、
音がした。
『放課後の時間割』
とあって、裏表紙にはこう。
「きっとこの本、
ずっとすき。」
その帯には登場人物の絵もあって、それらを含めたデザインのよさで大賞になったのだが、でも、「きっとこの本、ずっとすき。」はいいコピーである。読んでみたいな、という気になるではないか。
コピー賞をとった中に、こういうのもあった。全米図書賞受賞の『家なき鳥』という本のコピーである。
まず表紙が、
「未亡人だけど　貧しいけど
義母がいじわるだけど
必死に生きてます！」
この「必死に生きてます！」が大きな活字になっている。そして裏表紙は、

「〝人〟にいじめられる時もある
〝人〟に捨てられる時もある
でも……
救ってくれるのもまた〝人〟だった」

たとえば、これは手書きの文字で低学年の子だと思えるのだが、伝記漫画の『ニュートン』に、こういう帯を作った子がいる。

「『りんごは木から落ちてくるのに、なぜ、空から月は落ちてこないのだろう』とぎ問に思ったニュートン！　彼の考えた法則はなに？」

　裏表紙にはこう。

「ニュートンの事をしって科学にもっと強くなろう。この本にはニュートンの発見した法則のことがいっぱいつまっています。」

　ニュートンについての本を、こう宣伝できるのは大したものである。人の気を引こう、というのがとてもうまくいっていて、「ぼくはニュートンをいだいな人だと思いました。」というタイプの感想文よりよほど高度な文章になっている。

　もうひとつ紹介しよう。これはおそらく一年生の作品で、文章の乱暴さが力強さになっており、審査員特別賞をとった作品だ。エゾヒグマについての、大判の写真集の帯である。

「ぼくが一ばんきにいっているところはクマが魚を食べて血がでているところです。かっこよくてすごいです。

——冒険探検家・〇〇〇〇」

　最後の〇〇〇〇のところに、自分の名前を書いているのだ。

　どの作品も、コピーのツボをちゃんと掴んでいることに驚く。そして、人の気を引いてこの本を買わせよう、という宣伝コピーだと、こんなにノリノリで書くんだってことに、現代の子供を感じる。ここには、読書感想文を書くあの気の重さがない。

もちろん、そんなにうまくない作品も多々あった。審査していて、私が一読するや、これはダメ、と決めていったのは、帯の文章が「この本は……」で始まるものである。

この本は、どういう人が書いた、どんな人間が主人公の、どんな筋の物語です、なんて、内容を説明してしまう作品。そういうのが多かったのだが、宣伝コピーとしてそれはつまらないわけだ。そして最後に、「とてもおもしろいです。」とか「ためになります。」というのもダメ。

本の魅力を正しく摑《つか》んで、それを人の気を引くように表現する、というのが本の帯のコピーのコツである。

というわけで、本の帯を作ってみるってことを、お子さんにゲームとしてやらせてみるといい。読書感想文を苦しんで書いたあとならば、いい口直しになる。

才能には向き不向きがあるので、そういうことが楽しくてうまくできる子と、どうも苦手だという子に分かれるだろう。でも、それが気の重い宿題って感じではなく、大人の真似をする遊びなんだってことは、ちゃんと子供に伝わっていると思う。少なくとも、その本をしっかりと読むことにつながるという利点があるのは間違いない。

第21回　よい子の作文でなくていい（その1）

本書もいよいよ佳境に入ってきた。そこでこのあたりで、子供に作文を書かせる上で、最も重要な注意点について語ってみる。多くの作文指導は、ここで間違ってしまうのだ、という最大のポイントである。

まず、小学生の作文をひとつ読んでもらおう。これは、私がひょんなことから入手した、有名人の子供の時の作文である。

なかなか知的で、とびきりチャーミングなタレントの眞鍋かをりさんの作文を、私は持っているのだ。あるテレビ番組に出て眞鍋さんとお会いした時（ため息が出るほど可愛かった）、その番組の企画で、彼女が小学校を卒業する時、卒業文集に書いた作文を読むことになった。私はそれを論評したわけである。

というわけで、その作文の著作権は彼女にあるわけだが、その番組のスタッフが拡大コピーした作文を私にくれているのだもの、もらったんだと考えてもそう問題はあるまい。だから無断で公開してしまう。

六年間を振り返って

眞鍋かをり

六年前入学したことは今でも覚えています。私達は、今まで生きていた中で半分を小学校で過ごしました。長かった六年間の中でいろんなことがありました。一番心に残ったのは、五年生の時に行った少年自然の家でした。班のみんなが力を合わせないとできないフィールドワークやハアハア言いながら登った石鎚登山。三泊四日のあの出来事を今でもはっきりと覚えています。

入学した時は、ひとかけらすら考えなかった、あの「卒業」という文字。あれからもう、五回も六年生を見送ってきて、今度は自分が送られる立場になりました。月日は、知らない間に過ぎていき、遅いようで早かったです。

入学した時はたまごからかえったばかりの小さなヒヨコだったのに、今はもうニワトリです。今度は「白鳥」をめざして、がんばっていきたいです。

学校の中でも、一番長くて、むじゃきに遊んだ、「小学校」という六年間を心に、中学校へ行きたいと思います。

とても上手な作文で、大いにほめるべきであろう。卒業文集のための作文だということがしっかりと意識されていて、そこに求められるであろうことをもれなく書いている。

つまり、ついに卒業だ、という感慨から入る。次に、いちばんの思い出について語る。そしてまた、月日は流れ卒業なんだな、と感慨に戻り、この先の目標に触れる。そして最後の、そつのないまとめ。

こういうふうに作文を書ける子は、成績のよい子である。入学時はヒヨコで、今はニワトリだというような比喩を型通り書けるのが成績のよさの証明だ。かつてはひとかけらも考えなかった「卒業」の文字、と書けるのは本をよく読んでいるからこその技である。

そして実はこの作文からは、彼女が算数に強いと言うか、数学的な思考をしがちだという特徴が読み取れる。

私たちは今十二歳で、六年間小学生だったのだから人生の半分だ。

入学以来、五回卒業生を見送ってきたから、六回目はこっちが見送られる番だ。

学校もいろいろあるが、小学校が六年間でいちばん長い。

というようなことが、この作文の中には出てくるのだ。非常に数字を意識していることがわかる。数学への天分があって、こんな作文にもおのずとにじみ出るのだろう。

そんなふうに、なかなか上手な作文なのだが、よーく読んでみるとこの作文には、根底に優等生の味わいがある。学校で卒業文集用に書かされているわけだから、ふざけたり、遊んだりはできなくて、読んだ先生がよしよしと思うようなものを書かなきゃいけないんだと、眞鍋さんはわかった上で書いている。多分彼女は本当に優等生なので、それがたやすくできるのだろう。

しかし、そのよい子ぶりっこが、なんだかいやだなあ、と感じている子供も多いのである。

多くの小学生は、学校で、先生に言われて書く作文には、先生が不機嫌にならないことを書かなきゃいけないと、本能的に感じ取っている。そして、だから作文が嫌いなのである。

つまり、先生に読まれる作文とは、自由に自分の思いを書いていいものではないのだ。

このことは、読書感想文の弊害について述べた時にも少し触れた。学校の推薦図書についても感想を書くとなれば、どうしたって、とてもいい本で感動しました、という方向で書くしかないと子供は思うのだ。いい子ぶってそんなお世辞を書かなきゃいけないのは、気の重いことである。

それと同じことが、作文のすべてについて言える。子供にとって作文とは、大人が安心する範囲で書かなきゃいけないものなのだ。

だから楽しくなくて、作文なんて好きじゃないや、なのである。

子供は、大人が読むんだと意識しているからこそ、ナマイキな感じのする〈だ・である〉体の文章は書かず、あどけなく〈です・ます〉体で書くのだということを、作文の文体の話の時に言った。そういう配慮は文体についてだけではなく、もちろん書く内容にも強く作用しているのだ。

私は自分の作文教室で、まず何よりも子供たちにこのことを伝えるようにしていた。それは、この教室ではどんなことを書いてもいいんだよ、だ。いい子ぶった、優等生の作文にしなくていいからね、ということ。

どんなことを書いても、その内容に文句は言わないから、本音を書いてごらん、と導くのだ。

具体的に説明してみよう。たとえば小学生が、「ぼくのお父さんのこまったところ」という作文を書くとしてみよう。お酒を飲むと臭いとか、おならをするとか、テレビのチャンネル権を独占しているなどと、お父さんの悪口を書き並べたとする。

そういう作文を、子供は必ずと言っていいほど、次のような文章でしめくくるのだ。

「でも、そういうお父さんが休みの日に遊んでくれることがあって、それはうれしいです。やっぱりお父さんには元気で長生きしてほしいです。」

そんなふうに、大人がホッと安心するエンディングにしなければ、作文が終れないのだ。たとえば、「そういうとんでもないお父さんです。」で作文が終っていると、実にしばしば先生がこう言うからだ。

「お父さんのいいところはないのかな」

言われると子供はこう思う。しまったな、つい本当のことを書いてしまった。作文には、大人が喜ぶようなうるわしいことを書かなきゃいけないんだった。失敗、失敗。

子供はそんなふうに、大人が安心するワクの中で作文を書こうとしがちなのだ。だが、それはそう楽しいことではない。その上、のびのびと本音が書けなくて、つまらない。そんなワクはとっぱらってやろうではないか。楽しんで、自由に何でも書いてごらん、と導くのだ。

作文親父の星一徹は、子供の作文の内容には絶対に文句を言ってはいけない。「妹がにくたらしい」という作文だと叱り、「お年寄りに席をゆずった」という作文だとほめるような、道徳教育をしてはいけない。

よい子の作文でなくていいんだよ、が子供を作文好きにする秘策なのだ。

第22回　よい子の作文でなくていい（その2）

よい子の作文を書くことはないんだという話を、もう少し続けよう。というのは、子供も親も学校の先生も、実にしばしばそこにひっかかって、無意味な足踏みをしていると思うからだ。

根本に立ちかえって考えてみよう。子供に作文を書かせるってことの、いちばんの狙いは何だろうか。

これにはいろんな答え方ができるのだが、最も素直に考えるならば、子供に作文を書かせるのは、その子の文章による表現力を高めるためであろう。

自分がしたこと、目撃したこと、感じたこと、考えたことなどを、文章でもって他人に正しく伝えるのが作文だ。すなわち文章による伝達を、ちゃんとできるようになるための訓練として、作文を書かせているのである。そこでの目標は、ちゃんと伝えられるようになろう、である。

それなのに、作文の指導をしていると、ついつい脇道にそれた指導をしてしまいがちなのだ。作文を利用して、道徳教育を始めてしまうケースが目立つのだ。
たとえば、次のような小学生の作文を読んで、大人であるあなたはどう思うだろうか。

妹

二年生　女子

わたしは、妹のせいかくが気にいりません。わたしがゲームなどをしている時に、いきなり電げんを切ってくるのです。そしてわたしがおこると、親になきついていく。とてもいやなせいかくです。わたしの友だちにも、妹がいる子がいます。その子と妹の話をしていると、(やっぱり妹ってのはどこも同じだなあ)と、思います。ですがやはり、友だちの妹は、なにかやろうとして、ダメと言うと、すぐやめるそうです。そしてたまに、ないてしまうこともあるそうです。けれどもわたしの妹は、ダメと言うと、やめることはやめるのですが、それから、パズルのいたでで、なぐりかかってくるのです。それがあまりうっとうしいと、わたしもおこり、本気を出してかたづけてしまいます。

わたしはいつも思います。妹がいない家の人はいいなあと。でもやはり、妹がいると、いっしょにあそぶ時も、一人よりは楽しいし、あんがい、いいかなあと、思うこともあります。

この作文は、二年生でこれが書ければ大したものだという、優れものである。言葉をよく知っていて、事情や気持がよくわかる書きぶりだ。まず自分の思いを書き、次にそう思う理由を書くという、説得力のある展開である。その上、妹とはそもそも何かという、妹についての一般論になっていくところなど、立派なものである。

だがしかし、この作文を読むと、世の大人はなんとなくヒヤリ、としないだろうか。妹のせいかくが気にいりません。とてもいやなせいかくです。

子供がそういうことを書くと、大人はつい、いやそうは言うけれど姉妹っていいものだよ、とか、姉妹なら仲よくしてほしいな、と思ってしまうのだ。

子供が、きらいだ、とか、にくたらしい、とか、つまらない、と作文に書いているのを読むと、大人はなんだかそわそわしてしまう。そんなことを言わないで、そのことのよさにも気がつこうね、と思ってしまうのだ。

不思議な感情である。大人は無意識のうちに、子供には無垢なエンジェルであってほしいと思っているのだ。口先で突発的に言うだけなら、きらいだよ、とか、つまんない、とか、悲しかった、と言ってもいいけれど、文字に書いて記録として残してしまうところに、そういうマイナスなことを固定しないでおこうよ、と考えてしまう。

というわけで、「妹」という作文に対して、学校の先生は反射的にこういう評を書いてしまう。

「きょうだいは仲よくしましょう。」

考えてみると、その批評は、まったくもって国語の指導ではない。これが道徳教育だというのは言うまでもないだろう。

ぼくの隣の家のおばあさんは、すごくよぼよぼできたならしい、という内容の作文に対して、「お年寄りは大事にしなければなりません。」と書いてしまうのは道徳教育だ。子供に道徳を教育することは大切だが、それは道徳の時間にやることである。国語をそのことに利用してはいけない。

国語では、妹がにくたらしい、という内容の作文に対しては、「どこがどうにくたらしいのかわからないから、そこをもっとていねいに書こうね。」と指導しなければならないのだ。文章力を高めるのが目的なのだから。

学校の先生だけではなく、親もわが子の作文に対して、道徳的観点から批判をしてしまうことがよくある。

「そういうことを書くものじゃないでしょう」

とか、
「あんたがわがままなんじゃない」
とか、
「遊んだことしか覚えてないのね」
という批評を、子供の作文に対してしてしまいがちなのである。

そういうことを言われているせいで、子供は作文を、大人の気に入るように書かなければいけないものだと思っている。本当の自分の思いをありのままに書くと叱られちゃうから、うまいこと言っておこう、という自己規制をするのだ。

「妹」という作文の、終り方に注目してほしい。妹のせいかくが気にいりませんと書いてきた作文を、この子は、でも遊ぶ時は楽しいから、妹がいるのもいいのかな、と終えるのだ。冷静な妹評論家のこの子ですら、最後はよい子の作文風にまとめなくっちゃ、と思っているのだ。

そういうワクをとっぱらって、自由に作文を書かせてやりたいと私は思う。よい子ぶりっこしなくてもいいんだ、と思うだけで、子供の作文は生き生きしてくるのだから。

指導する側から言うならば、作文には何を書いてもいいんだよ、と導いてやろう、ということであり、別の言い方をすると、作文を、書いてあることの善悪で評価してはいけない、ということだ。

今日は三時間も勉強しました、という作文だとほめ、一日中遊んでいました、という作文だと叱るというんじゃあ、まったくもって国語の指導になっていないのだから。

何を書いても絶対に文句は言わん、という方針でいこう。私がやってきた作文教室では、まず初めの三ヵ月ぐらいで、そのことを伝えようと思っていたものだ。学校ではともかく、この教室では何を書いてもいいよ、と。

そして、困った作文が出現したらどう対応したものかと、あれこれ考えておいたものだ。

ところがである。十二年間で千作以上の小学生の作文を見てきて、本当に困った作文はついに出てこなかったのだ。

つまり、いじめって少し楽しい、とか、スカートがまくれてパンツが見えてドキッとした、とか、ぼくはあの先生がきらいだ、というような作文を、子供は決して書かないのである。

子供とは、本能的に大人の顔色をうかがって生きていて、何を書いてしまったら嫌がられるか、というのを知っていて、そのタブーは破らないのだ。

だったらせめて、そういう自制もあるだろうけれど、その中ではどんどん自由に、楽しいことを書いていいんだよと言ってやろうではないか。

こういうことを書くもんじゃない、と言うのはうまい作文指導ではない。

第23回　物語作りに挑戦

小説を書くことを職業にしている人間が、こんなことを言うのはカマトトすぎるが、お話、とは不思議なものである。誰かが頭の中に自由に作りだしたフィクションが、きき始めてしまえば、途中でやめられなくなるほど面白いのだ。文字で書かれたものを読むのでも同じで、まるで本当にその体験をするかのように心躍る。

だから原始の時代から、人間は物語を語り継いできたし、文字が考案されればそれを書きつけてきた。

子供だってその楽しさはよく知っている。何かお話をして、とねだる幼児は珍しくなく、字が読めるようになれば、初めは絵本から、次には文字だけの物語を楽しむのだ。

というわけで、子供は物語のあり方をよく知っている。だから、自分もそれを書いてみようとすることがある。かなり低学年の子でも、お話のルールはちゃんと承知していてそのように書けたりするのだ。

子供が作文を書くことをそう苦痛に思わなくなってきた段階で、何か作ったお話を書いてごらん、と言ってやるのは有効な指導法である。物語を作るということには、体験したことなどを作文に書くのとは一味違った刺激がいっぱいなのだ。物語を考える時って、普通の作文を書く時とは脳の別の場所が働いているような気がする。脳はいろいろに使ってみたほうが優秀なものに育つのだから、ぜひともやってみるべきである。

たとえばひとつ、子供の作った物語を読んでみよう。

自然観察少女二人組の冒険

四年生　女子

フランスのある町に二人のふたごの姉妹がいました。その二人は人々に毎日やっていることがかわっているといわれていました。その子たちの親はそのやっていることをちっともかわっているなんて思っていません。むしろいいことと思っているようです。

だってほかの女の子たちは花をつんでかざりを作ったりしているのに、その子たちは毎日森にいっては虫や花をとってきたり、その場でスケッチしたりして遊んでいました。

帰ってきてはスケッチしたノートにどこにあったか、どんな名前なのかをきれいに書いてまとめました。そんな二人を人々はへんだといっていたのです。

ある日二人はいつもどおり森にいきました。その日は双子の姉チェリーはスケッチブックをもって、双子の妹チリーは色えんぴつをもって出かけました。

どんどんおくへいくと1本のせまそうで長いトンネルみたいなものをみつけました。二人はそのトンネルをくぐっていきました。ほんとーに長くってやっとあかりが見えました。

「やっとでられたー。」

チェリーがいうとチリーがびっくりしたように、

「チェリーちゃん、みて、あれ。」

とトンネルを出たまわりにひろがるけしきをゆびさしていいました。

「え？　え、ここの花ぜんぶ私たちがみたことのない花だよね。」

とチェリーもびっくりしていいました。（後略）

この物語は四百字詰め原稿用紙で六枚もある大作で全部を紹介することができないが、ここまで読むだけでも、この子が物語の展開のしかたをちゃんと知っているのが感じ取れるであろう。主人公をちゃんと紹介し、その二人に珍しい特性を与え、いつもとは違う冒険をやらせるのだ。こんなふうに、よくあるお話風に、まずは書いてみることが肝腎である。

このあと、二人が珍しい花を夢中になってスケッチしていると、いつしか夜になってしまう。そこへほんわりと光がさし、見ると妖精がいっぱいだ。妖精と仲よくなって遊ぶが、お母さんが心配しているだろうからと、帰ることにする。妖精は、このおみやげを大切にしてくれたら、いつかまた会えるわ、と言って箱をくれる。そして妖精に言われるまま目をつぶって、もう一度目をあけたらそこは森の外だった。

二人は家に帰り、箱を開けると中には小さなさぼてんが入っていた。二人はその後さぼてんを大切に育て、もう一度妖精に会いたいと思い続けるのだった。

小学生が作った話としては、上出来だと言うべきだろう。どこかできいたような型通りの話だなあと思うかもしれないが、まずは型通りに書けることが大切なのだ。不思議な世界へうまく行かせて、妖精に出会う段取りを手際よく語り、別れのシーンと、お土産のことをちゃんと入れておいて、ラストの、さぼてんへの思いで話を閉じる。

これをちゃんと書きあげるのはかなり知的な作業なのである。

子供が作った物語を読むのは楽しい。なぜなら、普通の作文と比較して、その子が楽しんで書いていることがひしひしと伝わってくるからだ。ここに紹介した物語は原稿用紙六枚だが、もっと長いものを書く子もいる。十枚もあるものを一気に書いたり、何週にもわたって続きを書き継いでいって、三十枚とか五十枚とかの大作を書きあげる子さえ出てくるのだ。

物語というのは、自然のうちに、説明不足でなくちゃんと筋が通ることを要求してくるものであり、狙った通りのうまい結末までたどり着くことを欲しているのだ。だから小学生だって、きちんと長く書くしかない。そしてその作業にはわくわくする楽しさがあるのだ。

子供の作文の文体の話をした時に、子供は普通の作文の時は〈です・ます〉体で書き、物語だと〈だ・である〉体を使うと言ったが、今回紹介した物語はその例外である。こんなふうな、女の子が主人公のメルヘンならば、優しい〈です・ます〉体が似合うとちゃんとわかるのだろう。

そんなわけで、子供にはぜひとも物語を書かせてみたいのだが、もちろんのこと、そう言われてすぐに書ける子と、どうしたものかと考えて何も書き出せない子もいる。なにせ、お話を作るというのは無から有を生み出すということで、簡単ではないのだ。

そんな時には、親がはじめの十行ぐらいを作ってやり、さあ、この続きを書いてごらん、と言ってやるのがいい手である。そのやり方ならば、とりあえず目の前に手がかりはあるわけで、考えやすい。

当然ながら、子供が楽しめるチャーミングな出だしにしなければならない。たとえば低学年の子には、動物とか、お姫様とか、サーカスなどの出てくる話にするなど、面白がるように工夫しよう。

うさぎのポロロは、お母さんにたのまれて森の中へ木の実をとりに入ったのだが、道に迷って帰れなくなってしまい、泣きそうになっているところで、腹をへらした狼と出会ってしまった。そこでポロロは、必死になってこう言った。

そこまで書いて、さあ、この続きを作って、とやるのだ。子供は必死で考えるはずである。なんとかうさぎを助けようとする。

そうしてできた物語を、とにもかくにもほめよう。うまい、よくぞポロロを助けた、と讃えるのだ。

そんなごっこ遊びのようなことから入っていけば、子供はすぐにお話を作る楽しさを感じ取るであろう。そしてその遊びが好きになるはずだ。

だって人間がもう何千年も楽しんできている遊びが、物語作りなのだから。

第24回　パロディの楽しさ（その1）

パロディという文学上の技法は、とても面白いものであると同時に、内容を深めるために重要なものだと思う（パロディは文学だけの技法ではないのだが）。

たとえばの話、『ドン・キホーテ』は、その頃流行していた騎士道物語のパロディであり、騎士道物語を読みすぎてちょっとおかしくなった老人を主人公にしてあるのだ。騎士道物語のように活躍しようとして、とことん行動がズレていく面白さである。

そしてまた日本の映画の〈フーテンの寅さん〉シリーズ。あの物語は、主人公が勘違いによって失敗ばかりして、いつも心に憧れのマドンナを持ち、失恋を繰り返すというような点において、実は『ドン・キホーテ』のパロディなんだよな、と私は思っている。

そのように、パロディは大切なものなんだと、パスティーシュというパロディの変化形を得意技としている私としては、堅く信じているのだ。

しかし、そういう私も小学生への作文教室で、パロディのすすめ、なんてことはやらない。子供に対してパロディを書いてごらん、とそそのかしたことは一度もない。

なのに、時々子供は自分の意思でパロディを書くのだ。自分でその技を発見して、面白がって書く。たとえばこんな作文を。

新・モモタロウ　　六年生　男子

ある村の近くにびんぼうなおじいさんとおばあさんがいました。

「じいさんや。子どもがほしいのう。」

「そうだなあ。そらからでもふってきたらなあ。」

と、いうと言ったとおりにモモがふってきました。

「じいさんモモじゃ。おなかすいたで、食べんかね。」

「そりゃいいかんがえだべ。」

といって、家からほうちょうをもってきて、きったとたん、中から赤い液がでてきました。おばあさんは、なんだと思って、みてみたらなんと、子どもの頭にほうちょうがささっていました。

「モ、モモから、に、人間。」

といっておどろいていたら、

「ばあさん、名まえをつけようや。」
「そうだこういう名まえがいい。」
「モモから生まれたとたんにうんが悪く頭にほうちょうがささった男。ついていない
モモ太郎だ。」
といってなまえをきめて、育てました。（中略）
「いきなりてごわいあいてだな。ならこのおれの剣さばきを。あ、あれ。」

剣は、犬がクーデターをおこした時にとられてしまっていた。

「な、ならこのよろいでぼうぎょを、あ、なんかすーすーするなあ。」

モモ太郎が体を見るとふんどし一ちょうでした。モモ太郎がさるにふんをつけられた時、かわかして、そこにおいたままでした。

「ち、ちくしょう。グー。なんか腹が減ったなあ。あ、あれま。」しょうがない腹がへってはいくさができぬというから、きびだんごを一つ。

モモ太郎は、きじにきびだんごをとられたことをわすれていました。

「くっくるなくるな。あっぎゃー。ぐふ、ぐぶ。うっきー。」

モモ太郎は、これでかなしき一生をおえたのであった。


もうひとつの桃太郎を、ギャグ満載で書くのだ。このように子供が、自らの意思でパロディを始めるのは決して珍しくない。「その後のうらしま太郎」だとか、「アリとキリギリス」の、キリギリスのほうが幸せになってしまうバージョンだとか、「ジャックと豆の木」の、意外なサイド・ストーリーを書いたりするのだ。自分で、そういうのは面白そうだな、と気がついて、とても楽しげに書くのである。

あ、でもこのことを正しく伝えておかなければならない。

子供は教えられなくてもパロディを自分で見つけて楽しんで書くと言ってしまったが、どういうわけかそれは男の子に限られているのだ。女の子は、なぜかパロディを書かない。私のやっていた作文教室の十二年の歴史の中で、女の子でパロディを書いた子は一人もいない。

不思議なことである。おそらくそのことには、男性脳と女性脳の違いがからんでいるのだろう。女性のほうが、特にそう教育しなくても人形遊びを好む、なんてのは女性脳のせいだろうと言われている。そのように、女性はパロディを楽しまないのだ。

女の子も作ったお話は書く。どんな物語が多いかというと、ありがちな物語だ。夢見がちな少女が冒険するとか、森の中のお城に住む王女様がピクニックをする、というような話を書くのだ。そして、いかにもよくある話にしながらも、何かのパロディということではない。王女様の名前がシンデレラや白雪姫だということはなく、マーガレット姫、なんていう自分のオリジナルにするのだ。どちらかというと女の子は、ひとを楽しませるために物語を作るのではなく、自分の夢想を楽しむために書くのかもしれない。

ひとつ、女の子らしい物語をお見せしよう。

うさぎのパン

四年生　女子

ある所に、女の子がいました。

その子は、うさぎパンが大すきでした。

ある日のことでした。お母さんと、パンを買いに行きました。いつもどおり、女の子はうさぎパンを買いました。その日買ったうさぎパンはいつもより、かわいくて、おいしそうでした。その日は、もう夜おそかったので、ねました。

つぎの日、朝ごはんにうさぎパンを食べようとしたら、

「たべないで。」

と、どこからか声がきこえました。女の子は、お母さんとお父さんに、

「なんかいま〝たべないで〟とこえがしなかった?」

とききました。お父さんとお母さんは、

「えっ。きのせいじゃない。」

といいました。

女の子は、

「きのせいか。」

といいながら、またうさぎパンを食べようとした時また、
「たべないで。」
と声がきこえました。
耳をすましてきいてみると、
「たべないで。」「たべないで。」
とうさぎパンからきこえてきます。

（後略）

男の子と女の子の書く物語の違いを知ってほしくて、引用が長くなった。それに、小学生の作る物語を、なるべく楽しんでもらいたかったからだ。

うさぎパンの話はこのあと、食べないで仲よくなって、毎日学校から帰るのを楽しみにするようになるのだが、ある日帰ってみると、うさぎパンは消えていた、という展開になる。お父さんもお母さんもその理由は知らない。

「女の子は、それいらい、うさぎパンを買わなくなりました。」

というのが最後の文章だ。

よくある話なのだが、有名な作品のパロディというわけではない。

というわけで、子供の書くパロディについて考えようとしたのだが、男の子と女の子の違いという、思いがけない発見をしてしまったようだ。この話はもう少し続けるとしよう。

第25回　パロディの楽しさ（その2）

まずは、男の子が書いた物語のパロディを読んでもらおう。遊び心があって、なかなか楽しめますぞ。

昔、昔

五年生　男子

昔、昔、あるところに、くそじじいとくそばばあがおりました。そのじじいとばばあはいつもくそばかりしていました。

ある日、ばばあとじじいがどうじにくそがしたくなりました。そしてけんかになりました。しかし、二人とも頭がいいんだかなんだかわかりませんけど、「いつまでもけんかしてたらはじまらない」とかなんとかいって、ジャンケンで決めようと決めてジャンケンをしました。しかしこれがまた、じじいが最初はパーってだしたからばばあがグーをだそうとしたけどチョキをだしたのでじじいが、

「いんちきだっ！」ていったんだけどばばあも負けずに、

「いんちきもなにもあんたがさきにいんちきしたんでしょ！」と言いました。

そうして、またケンカになりました。

そこへ一人の旅人がやってきて家の戸を、トントンとたたきました。

ばばあは、はっと思ってそこらへんにちらかっているものをバババッとおしいれに入れました。そのすきにじじいは、トイレに行きました。ばばあは、ちっと思いましたが家の戸を開けました。

「なんだい、こんなよふけにぃ。」

「あのぉー、今夜、宿をかりたいんですが。」

「いいけど、ここの家に泊まるにはルールがあるよ。それでもいいなら泊まっていいけど。」

「なになに。『この家に泊まる時のルール。一日ごとにくそを5回以上しないといけない（半日の場合おまけで2回で許す！）〔注意〕家からトイレまで百五十メートル』うー、野宿でいいです。」

と旅人は言って行ってしまいました。

「ふう、ああゆうのを泊めるとやっかいだからね。やれやれ助かったよ。」

しばらくするとじじぃが帰ってきました。

するとばばあは、急にトイレに行こうと思っていたのを思いだし、百五十メートルさきのトイレへ走って行きました。って、本当に百五十メートルあったんかい。

勢いのある面白い話だ。念のために言っておくと、この話を書いた子と、前回の「新・モモタロウ」を書いた子とはまるで別人である。五年くらいの時差があって、二人は互いのことを知らない。

なのに、不思議によく似た話が出てくるのだ。子供の書くパロディの特徴である。

実は、この話はワン・アイデア・ストーリーである。昔話がよく、昔々あるところにおじいさんとおばあさんが……と始まることに目をつけ、くそじじいとくそばばあにしてみたのだ。そうしたら自然に、くそばかりしている二人だというふうに話が展開し、そこへ宿をかりたい客が来るという話になった。そして最後も、くそをするところで終るのだが、「本当に百五十メートルあったんかい。」と、自分で自分にツッコミを入れるという、高度なギャグでしめくくられている。小学生にしては見事な技だとほめてやるところだろう。

また、この子は言葉の豊かさに気がつきかけていて、いろんな言いまわしを使ってみることを楽しんでいる。

「頭がいいんだかなんだか」

「しかしこれがまた」

「宿をかりたい」

「やれやれ助かったよ」

右のような表現は、子供の作文ではなかなか見られないものである。

更に、人間観察的な面白さとしては、客がくるとばばあが、ちらかっているものをおしいれに突っこむというのが、苦笑を誘ううまさである。

そんなふうにほめるところの多い作文なのだが、これがうまく書けたのはパロディだからなのだ。よくある物語のずっこけ版を書いてやれ、と思った時点で、それにふさわしい文章、それらしい言いまわし、ギャグなどが必要だと、この子にはわかっているわけである。だから自然に、大人っぽい文章になる。もしもこの子が、休日に友だちと遊んだという内容の作文を書いたとしたら、いつもの子供っぽい文章に戻ってしまうだろう。

つまり、パロディを書いてみようという試みは、その子を、いつもは読んで接している書物のほうへ、自分から近づこうと努力させることにつながる。読む側から書く側へのチエンジがあるのだ。

私は、女の子というのはなぜかパロディを書かず、いかにもありがちな物語を書く、ということを言った。しかし、よくよく考えてみると、女の子の書くありがちな物語も、よくある話をなぞりながらオリジナル・バージョンを作っていくという意味で、広く考えたパロディに含まれるものだ。女の子はベタに「続・シンデレラ」なんてのを書くふざけ心は持っていないのだが、結局は「シンデレラ」と類似の話を作ってしまうわけで、実は楽しみ方としては同じなのである。

要するに、パロディをやってみようというのは、いつもは読んで楽しんでいる物語の、語り手の側にまわってみるということである。そのことが、大人っぽくて気分がいいのだ。

というわけで、星一徹たるお父さん、お母さんたちが、わが子にパロディを書かせてみたいならば、してやることはひとつなのである。それは、子供に本をたくさん読ませるということだ。本をいっぱい読むうちに、自分もむこう側へまわりたい、という気持がわいてくる。その時に、パロディは生まれるのだから。

子供に本を読ませるにはどうすればいいか。それは、生活の中にちゃんと本があるようにしてやる、である。まず、親が自ら本を読もう。子供とは親と同じことをしたがるものなのだから。家にろくに本がないということで、どうして子供が本好きになるだろう。生活の中に本がなきゃいけない。

本をなるべく買ってやってほしいが、買うんじゃなくて、図書館へつれていくのでもいい。お母さんが日曜日には必ず図書館へ行く、ということならば、子供もついてきて、自分用の本を選び始めるものである。

そんなふうに生活の中で多くの本に接し、物語の数々を知っていれば、子供はそういうものを自分で書いてみたいなと思えるようになる。そこにパロディが登場するのだ。そして、多く読んでいれば、それが肥しになって、ちゃんとありがちに書けるのである。

面白い例を見せよう。次の文章は、六年生の男子が海づりをした体験を書いた作文の中に出てくるものだ。お父さんが船を借りてくるシーンだ。

「父が乗っていたのはつり船ではなく手こぎボートだった。ぼくは、この時よっぽどうちは貧ぼうだということを感じた。」

この、「よっぽどうちは貧ぼう」という言い方は、おそらく間違いなく、この子が夏目漱石の『坊っちゃん』を最近読んだから出てくるのである。それを読まなければこの言いまわしは使えるものではない。

すなわち、よく読むからこそ、よく書けるのだ。パロディを書くのは楽しい遊びである。しかしそれをうまく書くためには、本をいっぱい読ませることなのだ。よく読まないで書く名人になった人はいないのである。

第26回　作文にユーモアがある時

子供の作文を読んでいて、ユーモアがあるな、と感じるのはとても楽しいものである。しばしば子供とは、おもしろげなことを楽しそうに書くのだ。

よく知られた物語の、ずっこけ版パロディを書くのもそういう遊びのひとつだ。パロディとして名作か否か、という評価はできるわけだが、まずはそういうものを遊びで書こうと思った事実が喜ばしい。

パロディ以外にも、ただの生活作文なのに、ちょっとしたギャグや、ふざけた言いまわしを書いている場合もある。

「鉄棒の上に立っていて、足をすべらせて棒の上にチン○から落ちた。その時のいたさは42・195キロメートルぐらいだった。」

六年生向けの学習雑誌で作文を募集した中にあった実例である。この42・195キロメートルの痛さ、には笑った。

ユーモアとは間口の広いもので、別にギャグや、ジョークや、オチがなくたってユーモアのある作文は生まれる。冗談を言うことだけがユーモアではないのだ。

ここに、私が十二年間小学生の作文を読んできた中で、いちばん笑った作品を紹介してみよう。ギャグでもなんでもないんだが、涙がにじんでしまうほどおかしくて、いいですよ。

ハムスターをかいたい!!

二年生　女子

わたしは、二年生になってから、ハムスターをかいたいとおもっていました。

けれども、ハムスターはやこうせいなので、わたしたちまで夜ねむれなくなってしまいます。

それでなくても、お母さんとお父さんはとってもねぶそくなのでかえません。

それに、おくばしょもありません。

いれるはこをかうお金なんかありません。

それに、ちょっとじじょうがあってかえません。

夜だっそうしたらとんでもないことになって、学校にもいけないし、お父さんもかいしゃになんかいけなくなって家じゅう大さわぎで、本なんかよんでるひまもないし、しゅくだいなんかやってるひまもないし、ごはんもおひるごはんもばんごはんも、食べるひまがありません。みんなハムスターかうのたいへんといっていました。

そうぞうするだけでたいへんみたいです。

書いた本人は読み手を笑わせようなんてまったく思っていないのに、この作文には笑った。題名は「ハムスターをかいたい!!」なのに、作文には、ハムスターをかうことはできない、という理由がひたすら書き綴ってあるのだ。あれもこれも、すべて書く。とにかくかえないんだと、だんだんやけくそになったように、かえない理由を並べる。

そのことによって、この子のハムスターをかいたいんだ、という思いがものすごく伝わってくるのだ。だからこの作文は、題名と中味が合ってないのではなく、ドンピシャに合っているのだ。

いい作文である。小学生の作文から、こんなに心模様が伝わってくるのは珍しいと言ってもいい。そしてこの子が、無理やりにでもかえない理由を並べて、自分を納得させようとしている姿に、人間のおかしさが漂っているのだ。そこに、ユーモアがあるのである。

ユーモアは、ギャグやジョークに限定されるものではない、というのはそこである。ユーモアとは、心がゆったりとしていて、人間を好意的に見ているという精神状態の産物なのである。人間が好きで、生活が好きで、優しい気持があるならば、書いた作文には広い意味のユーモアがにじみ出ているのだ。

だから、あなたのお子さんがユーモアのにじみ出た作文を書くのならば、それほど結構なことはないのだ。その子の心が安定していて、気分よく生きているということの証拠なのだから。

たとえば、両親が不仲で、いつも喧嘩が絶えないというような時、子供は決してユーモアのある作文を書かない。子供にとってお父さんとお母さんの仲が悪いほど不安なことはなく、怯《おび》えきっているのだ。そんな心理状態の時に、人間っていいものだな、という広い意味のユーモアのある作文を書くわけがない。

学校でいじめられているとか、うまの合わない先生が担任だとか、親に隠している秘密がある、というような時には子供は、心がのびやかではない作文を書く。

わが子の作文をよく読んでやる作文親父に対して、その作文から心理カウンセリングをしなさい、と言うつもりはない。それは、専門の知識がないとむずかしいことであろう。

ただ、子供がのびのびとユーモアのある作文を書いたなら、内心大いに喜んで、子供には、おもしろいな、と言ってやればいい。うまいじゃないか、笑っちゃったよ、と言われていれば、子供も機嫌よく書く気になる。

広い意味のユーモアって、ぼんやりしていてよくわからない、という人のために、もうひとつ作文を紹介してみよう。これも決してギャグが書いてある作文ではないのだが、こう書ける心ののびやかさが心地いい、という作文である。

せんたくものほしは、お手伝い

四年生　女子

「せんたくもの、ほしてきてくれない？」

とお母さんにたのまれて、

「うん、いいよ。」

と、せんたくものをほしにベランダに出ました。かごの中にはせんたくものがいっぱい。くつ下や、セーター、バスタオルなど、いろんなものがうずうずしていました。くつ下はくつ下でまとめてほし、セーターはセーターでまとめてほしました。すると、

「うん。いい気分。」

と言ったように、セーターやくつ下は風といっしょにおどっていました。私もスッキリしました。手には、せんざいのようないいにおいがつき、かごは、

「あー、おもかった。」

と言っていました。

これからもつづけられるといいと思います。


読んでいて、つい顔がほころんでくるような作文である。この作文の気持よさはどこから来るのか。

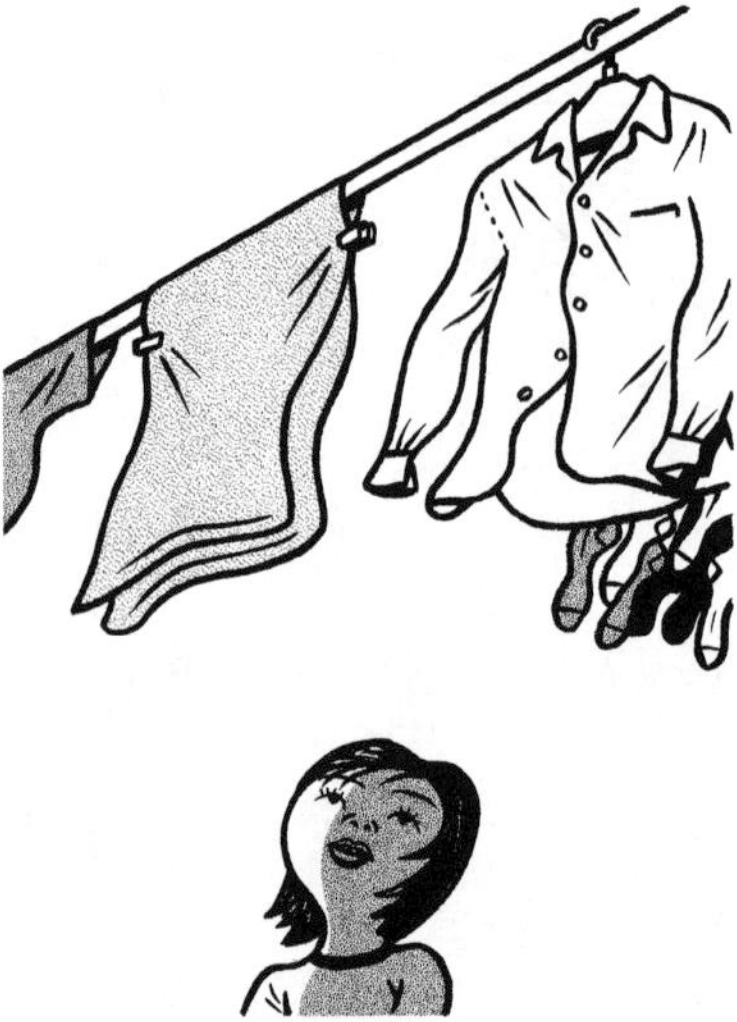

この子が、お母さんの手伝いをいやがらずにやるいい子だから、大人は安心するのだろうか。そういう面もないことはないが、それだけではない気がする。

この作文から伝わってくるのは、せんたくものほしというお手伝いをするこの子が、そのことを楽しんでいるってことだ。楽しんでやっているからこそ、せんたくものが、干してほしくてうずうずしているように見える。せんたくものが、風とおどっているように見えるのだ。そして、かごが、あー重かったと言ってるようだと。

そんなふうに感じられるこの子の心は、生活の中でとても豊かにくつろいでいる。不安なことや、面白くないことなんて頭の中のどこにもない。

人間のそういう姿を見ると、我々はついホッとし、顔の筋肉もゆるむのである。なんだか人間が好きになる。

そういう心の動きが広い意味のユーモアなのだ。子供の作文にユーモアがあるほど喜ばしいことはない。

第27回　作文にユーモアがない時

子供の作文に広い意味でのユーモアがあるのはいいものだ、ということを言ったのだから、その逆の場合についても語っておこう。子供の作文にユーモアがない時だ。

あたり前のことだが、作文を書かせてみると、まず普通の子はユーモアのない作文を書く。学校とか塾などで、勉強のひとつとして、先生などに言われて書く作文に、いきなりユーモアをこめられる子なんてまずいないのだ。特に書きたいことがあるわけでもないのに、仕方なく書いているんだから。それに、ふざけたことを書いたら叱られるかも、と思っているので、基本的に真面目なのだ。

それに対して私は、面白い体験だったねえ、とか、この書き方は楽しくていいね、などとアドバイスし、面白く書いていいんだよ、そのほうが楽しいよ、というサインを送り続ける。そういう数ヵ月の後、やっと子供たちがユーモアのある作文を書き始めるのだ。

しかし、それでもユーモアのある作文はやっと四割というところだ。楽しんでのびのび書いているのが伝わってくる作文、という意味だが。

五割五分くらいの子は、ただ内容が伝わりさえすればいい、という作文を書く。基本的に真面目だということであり、低学年の子などは、まだユーモアを楽しめるだけの精神性が育っていないということでもある。私の知る限りでは、小学生も六年生になるとなぜか急にゆとりを持って、面白いことを書くようになるケースが多い。そのぐらいでぐっと大人に近づくのかもしれない。

だから低学年の子のただ真面目な作文は、やむをえないのだ。楽しいことを書いた作文はいいなあ、ぐらいに言って、ユーモアが育ってくるのをじっくりと待つしかない。苦痛じゃなく作文を書くのなら、まずはそれで十分である。

つまり、ユーモアのある作文はいいものではあるが、子供にそれを強要するわけにはいかないということだ。

さて、四割と五割五分の作文に対してはそんな接し方をしていくのだが、残る五分の作文とは何か。それは、ユーモアがないどころか、ユーモアとは逆のエネルギーをもとに書かれている作文だ。たまにはそういう作文だってあるのだ。たとえば次の作文を読んでもらいたい。

いちばんむかついたこと

五年生　女子

私が今までむかついたことは、四年生の時、Aさん、Bさん、Cさん、Dさん（本当は実名になっている）の四人に、いじめられたことです。はじめは、仲がよかったけど、急に、悪くなった。

一回めは、オニゴッコを、ろうかであそぼうということになって、私以外の人をあつめて、

「うち（Aさん）が、はじめ、オニになって、××ちゃん（作文の作者）にあてる。それで、ほかの人も、××ちゃんにあててね。」

「うん、ぜったい、あててやる。」

と、EさんとFさんが聞いて、私にそういいました。EさんとFさんいがいの十二人の人は、Aさんたちのめいれいにしたがっていました。

それで、私は、二学期はずーっといじめられました。帰る時も「死んで。」とか、言われました。だから、一組のGさんといっしょに帰りました。その子も、同じ方面の、AさんとBさんに、いじめられました。でも、まちぶせして、うちらに、荷物のランドセルをもたされて、まるで、でしみたいにつかわれていました。（中略。いじめ

の数々が語られる。ある時勇気を出して大声で啖呵《たんか》を切る。蹴りあいもあるが、それをきっかけに、いじめは収まる）

いじめのことは、先生には、いわなかった。かわいそうだから。十三人の人は、あやまって、今では大親友。もちろん、EさんFさんも友達。

さいしょはくるしかったけど、今は友達がたくさんいるので安心しています。でも、Bさんたちとは、なかなかおりは、したくないです。ムカツキます。

楽しく作文を書こうね、というのが方針の教室で、この作文が出てくると少しばかりドキリとする。この作文にユーモアがないのは当然のことで、まさにユーモアとは逆向きのベクトルのエネルギーから生み出されている作文なのだ。

わが子の作文を読んで指導してやる親である星一徹が、わが子のこういう作文を目にすることはあまりないかもしれない。つまり、お父さんやお母さんが読むんだと思うと、子供もこの作文はやめておくような気がする。親がこれを読んだら過剰に反応しそうで、先生に言ってやる、とか、相手の家へ怒鳴りこんでやる、などと大騒ぎになるかもしれないからだ。子供だってある面社会の中に生きていて、そういうのはまずいな、と思っているのだ。

何を書いてもいいってことになっている作文教室だから、この子はこれを書いた。と言

うか実は、きっかけは私が作ったのだ。作文教室の先生をしている私の弟に、「今までで
いちばんムカついたこと、なんていうテーマで作文を書かせるのもいいかも」と提案した
のは私なのだから。

そのテーマを与えられたこの子は、ある意味楽しんでこの作文を書いた。この作文に、
ある種の熱気と力強さがあることは感じ取れるだろう。くそムカツク！　という思いも、
エネルギーの一種ではあるのだ。

そしてこの女の子は、ムカついたこととの作文をシリーズにしてしまい、それ以後一年間
で十作ぐらい、またまたムカついた、という内容の作文を書いたのだ。ひょっとしたら、
それだとすらすら書けたのかもしれない。

さて、そういう作文に対しては、どう接すればよいのか。これはなかなかの難問である。
いちばんしてはいけないのは、バカなことしてないで友達とは仲よくしろ、なんていう
叱責である。作文指導に道徳を持ち込むな、ということは既に言ってある通りだ。

先生に相談しなさい、なんていうアドバイスも、案外おかど違いなんだろうと思う。そ
うしなきゃいけないようないじめも時にはあると知っているが、こんな作文を書いている
のはそこまでのことではないからだろう。

だから、作文に対しては、作文への指導だけをするしかない。あったことや、その時の

気持が、わかるように書けているかどうかだ。

いじめられてムカついたことを書き並べるのは、実は怒りのガス抜き作用があって、いい気分なのかもしれないのだから。ムカムカすることを全部書けばいいんだよ、なんて私は思っていた。

そして、作文指導とは別に、私がその子に毎度書き送ったのが、次のようなメッセージだった。

「そういうことって、あるよね」

「その気持、よくわかるよ」

怒るな、とか、悲しむな、ではなくて、わかるよ、と言ってやるのだ。だってそうではないか。作文なんてものをなぜ書くかといえば、自分のことをわかってほしいからだ。自己を表現したいという欲は、私をわかってもらいたい、にほかならない。

だからこそ、こういうユーモアとはまったく逆の、負のエネルギーから生み出された作文に対しては、うん、わかるね、と反応してやるのだ。作文の先生にできることはそれだけだ（親なら、またちょっと違うだろうが）。

ムカツキシリーズを書き続けた女の子は、一年後にはかなり明るい作文を書くように変っていった。

第28回　長いものを書ききる

高校に入学してすぐの頃の思い出だが、国語の教師が、家で作文を書いてこいという宿題を出したのだ。四百字詰め原稿用紙二枚くらいでいいからと。その教師は、高校生ともなれば自分で自分を律しなければならず、自分のミスには責任をとるように、ということを教えたかったらしい。そこで、こう言った。

宿題を忘れたら、次の授業の時に提出すればいい。ただしその場合、原稿用紙で三枚書いてくること。そこでも忘れてその次の提出なら四枚。そのように、一回忘れるごとに原稿用紙で一枚ずつ長くなるルールだ。

その宿題を、私はちっともやらなかったのだ。ほんの半月ぐらいで、原稿用紙十枚の作文を書かなきゃいけないことになってしまった。

さすがに精神的に負担になってきて、私は家で机に向かって作文を書き始めた。十枚書かなきゃいけないのに、ほとんど方針も立てずに、私は自分のことをこんな人間だと思っている、というテーマで書いていったのだ。

そうしたら、三枚書いてもう行き詰まってしまった。自分についての説明など、それだけ書けば終ってしまうのだ。しかし、あと七枚も書かなければならない。そこからが苦しかった。

その夜、私は十二時すぎまでかかってなんとか十枚書いた。もちろん、文脈はめちゃくちゃになり、内容はバラバラである。ところどころに、しかしこれを書いてて苦しい、という泣き言まで出てくるという、さんざんな作文だった。本当はひどすぎて人に見せたくないものだったが、これで勘弁して下さいとばかりに提出した。

原稿用紙十枚の文章は、そう楽に書けるものではない、というエピソードである。特に、ちゃんとテーマを定め、方針を固めてないと書けない。

ところが、小学生なのに平気で十枚以上の作文を書く子がいる。ひとたび楽しみだすと、子供は分量の壁を難なく飛び越えるのだ。高校一年生だった私の失敗は、書くことを楽しもうとしていなかったところに原因がある。

次の作文は、時代物語である。なかなかのものですよ。

天下統一物語　　　　　　　　　　　六年生　男子

昔、日本の上総の国に、米屋、武杉庄三郎がおった。この者は、民衆の人気を集めていた。なぜかというと、ききんの時でも、米を安く売ってくれるからだった。庄三郎は、決して、天下統一の野望をもっていないとはいえず、ひそかに計画を進めていた。

ある日、上総の上杉様によびだされ城に出むくと、上杉のとの様は、庄三郎に、

「お前のおかげで民衆がおさまっている。これからは、上杉家ご用たしの米屋となれ。そして、これをさずける。」

と、刀一本、金千貫文をほうびとしてもらい、その他にも、土地などをもらい地主と米屋をかねることになった。ここから、天下統一への道を実行しようというのである。

庄三郎の家来には、上杉家の役人徳田良衛門、兵法学をおさめている山本源介などがいた。兵力も、農民などを入れ、五百の兵をもっていた。しばらくは、そうさくを続けていたがなにもみつからないので、上杉家、内部分れつ作戦を実行しようとしていた。

（続く）

六年生でこれが書ければ大したものである。実は、私が手を入れたところがなくはない

のだが。徳田良衛門という名は、徳田良街門となっていたのを直した。内部分れつ作戦は、内部破れつ作戦だったのだが、虫垂炎じゃあるまいしと思って直した。

それから、大人としては、米屋に天下統一ができるだろうか、という気がしなくもない。その辺も気にはなるのだが、でも、ちゃんと戦国出世物語風に書いているのは立派なものである。

この子はこの物語を、毎週二、三枚ずつ書きつないでいき、五回目まで続けた。原稿用紙で十二枚ぐらいである。

それだけの分量を、小学生で書くのはすごいことである。間違いなく、楽しかったから書き続けたのだろう。

私の指導がよかったんだと自慢するみたいになってしまうが、毎回、いいねえ、面白いねえ、と反応してやったのもよかったのだろう。そもそも、この子はハリネズミ君の様々の冒険を書き継いでいた子で、ある時私が、違う主人公の違うシリーズを読みたいねえ、と言ってみたところ、これが出てきたのだ。そこで、おっ、面白そう、と反応してやるから、この子は新シリーズを始めてしまった作家のような気分でこれを書き続けたのだ。

そんなふうならば、十枚以上書くことも苦痛ではないのだ。そして、そういう長いものを書きあげることには思いがけない副産物がある。

これは子供に限らず、大人も同じなのだが、一度長いもの（子供なら十枚以上、大人なら百枚以上）を書きあげてみると、それを機に文章は一段階うまくなるのだ。おそらく、長いものを最後まで書ききるためには、頭の中がフル回転するほど考えなきゃいけないからだろう。そういうふうに考えたことのある脳は、その体験によって文章の構成法の何かを掴むのだ。

だから子供にも、うまく遊びの形で誘い込んで、長いものを書かせてみよう。物語では

なくて、三泊四日の古都の旅全記録、なんてものでもいい。ハムスターが来てから死ぬまで、でもいい。とにかく長さにトライしてみるのだ。

お父さん、お母さんは、ひたすら、すごいねえ、よく書けるねえ、とほめよう。楽しませることができたら、きっと子供には書けるのだから。

そして、大いに本を与えよう。ミステリやSFだって、たくさん読んでいれば子供にも書けるのだ。たとえばこんなふうに。

名探偵あやのちゃん（前半省略）

五年生　女子

するとあやのちゃんは、

「これは殺人です。そして犯人は女の人、あなたです。」

といった。すると女の人が、

「なんで私が妹をころさなきゃいけないわけ。第一あのみっしつはどうなるのよ。」

といった。あやのちゃんは、

「私は、あなたにだまされましたよ。はじめドアをおしあけた時あれは、あなたがドアのノブを持って力をいれていたので、私たちが押しあけたようにさっかくしたんです。次に、妹さんごろしは、きのう、カンビールにすいみんやくをいれて、妹さんをねむらせおふろ場にはこんで水を出し、カッターで手くびを切ったんでしょう。そして、ガムテープからのしもんは妹さんのしか出ませんでした。それは、まだ妹さんが生きている時ひっこしの用意をするから手つだってといったんでしょう。そして妹さんにガムテープを切ってもらい、それをマドやドアに内がわからはり、あなたはドアから出たんでしょう。」(後略)

きっちりとしたミステリだ。そしてこの子は、それを自分が書いているのを楽しんでいる。ミステリが好きなのだ。この小説は十三枚もあるが、好きなものならば遊びで書けるのだ。

わが子に、連載小説とか、連載ドキュメントの執筆を依頼しよう。そして編集者になったつもりで、先生ますますいい調子ですねえ、みたいにほめまくろう。その長いものが書きあがった時、その子の文章力は必ず上達しているのだから。

第29回　伝わるかどうかの吟味

子供に対する作文指導で、最も大切なポイントはこれだ、という話をしよう。何をどのように書いてもいいのだが、このことだけは注意するんだよ、という指導の要があるのだ。私が子供の作文を読んで、常に気にかけ、注意をうながしてきたことである。

その話をするために、まず作文を読んでもらおう。言葉が豊かで、言いまわしなどにユーモアがあるという、かなり優れた作文である。きっと、読みつつニヤニヤしてしまうと思う。

弟

六年生　女子

うちの弟は、サル顔で、性格が悪くて、イヤミで、内べんけいなやつです。

それから、新しい物好きだけどケチで、自信かじょうです。

ついこないだまで、「ペン太君とピン太君がお散歩に行きました。」とペンピンをかわいがってたくせに、もう、ポケットモンスター（ゲームボーイカセット。つうしょうポケモン）のピカチュウ（それにでてくるキャラクター。超はやりである。かわいい♡）にうつってしまった。

私が「ペンピンはどうなった。」と聞くと、「ペンギンは捨てた。」といって返した。ペンピンは弟の部屋のかたすみのぬいぐるみ入れにほうりこまれている。これにはあきれる。

そして、東京ディズニーランドでは、ぬいぐるみのミッキーマウスにさえ人見知りする。

私はミーハーなのでサインもらいに走りまわっている。こうしてまいごになる。ばく笑ものである。

弟は火・金と学研に通っている。「こんなのカンタン」とふざけているものだから、教材のうら面の問題をやりわすれる。

それに、月の体そう教室も、ぼくが一番うまいんだなどといっているが、50m走10・1でしか走れない人を姉にもつ人がクラス一うまいわけがない。

しかし、弟は何でも自分が一番といいはる。

水泳も、クロールさえ泳げないクセに、ぼくは一番なんだぞ！　と大いばりだ。でも、手をつかわずにバタ足だけでうまく顔をあげながら泳ぐ方法で25m泳ぐのはすごいものがある。

こんな弟だが、いないよりはずっといいな。

かなり達者な作文である。まずこの作文を書こうとした時点で、弟のあきれた所業をたたみかけよう、と計算しているのが大したものだ。一見悪口を並べたてるようだが、乾いた文体なので嫌味にならず、なんかおかしい。

物事をズバリと言いきったあとに、「これにはあきれる。」とか「ばく笑ものである。」とクールな視点で笑うという技を、うまく使っている。そして、ただ弟の欠点ばかりを並べるのではなく、ミッキーマウスにさえ人見知りする、というような確かな観察が混じることにより、その弟のキャラクターが活写される。全体から漂ってくるのはまぎれもなく弟への愛であり、そこまでわかって書いているのがうまいものだ。

この子は本をよく読んでいて、ある意味おませであり、すなわち国語的に老練なのだ。時としてこういう作文に出会えるのが、子供の作文を読む楽しみである。

というわけで、これはお見事な作文なのだが、それとは別のことにも注目してみよう。この作文の中には、読み手に対して気配りをしているところがあるのだ。それは、子供にとっては常識のゲームや、そのキャラクターについて語る部分だ。

ポケットモンスター（ゲームボーイカセット。つうしょうポケモン）

ピカチュウ（それにでてくるキャラクター。超はやりである。かわいい♡）

実を言うと、ポケモンもピカチュウも、とても話題だったから、私はこの作文を読んだ時には知っていた。しかし、それはどちらでもいいことであって、この子としては、大人は知らないかもしれないから説明しとこう、と思ったのであり、そのことが非常に優れているのだ。

作文を書く子供に、私がいちばん何度も注意をするのはそのことだ。

作文を書く時には、これで読む人にわかってもらえるかな、ということを常に注意してなくちゃいけないよ。自分が知ってるもののことを、ほかの人も知っているかどうかはわからないんだから、書きながらいつも、この説明でわかるかな、と考えなきゃいけないんだ。

要するに私は、文章の伝達力のことを言っているのだ。作文を書けば、誰か人に読まれるわけで、誰が読んでもこれでわかるかな、という吟味をしていなきゃいけない。

なぜなら、作文とは自分をわかってもらう、事情を伝える、感情を伝達するがために書くものだからだ。それが説明不足で伝わらないのでは書いた甲斐がないのである。

小学生は、ともすれば次のような文章を書きがちだ。

「そこでまたヨー太がころんで大さわぎだった。」

これに対して私はこう言うのだ。

ヨー太って誰なの。

またころんだ、と書くのはどうしてなの。

それがわかるように書いてくれなきゃ、一般的な第三者である読み手には何が何だかわからないよ、だ。だからこう書いてくれと私は言う。

「そこで、クラス一のおっちょこちょいの小川ヨー太がやっぱりころんだので、いろんなものが倒れて大さわぎになった。」

子供とは、自分だけの世界に生きているものだ。自分は知っていることでも、人には説明しなきゃわからない、ということに、低学年の子ほど気がついていない。だからこう書いてしまうのである。

「学校で食ぱんの子とヤマオロシをしてたら、先生にしかられた。」

これを、次のように書けるようになれと、じっくりと導くのだ。

「学校で食ぱんの子たちと遊んだ。食ぱんというのはその日の食事の世話をする当番のことです。そして、ヤマオロシという、一人がオニになってほかの子をみつけてほりょにする遊びをしていたら……」

何度も注意してやれば、子供にもこのように書かなきゃいけない理由は納得できる。あ、そうか、大人はヤマオロシを知らないもんな、と思うのだ。

読む人が知らないことを書く時は、ちゃんと説明しなきゃいけないと、子供なりにわかってくる。もちろん、時には無用の説明までしちゃうこともあるだろうが。

「学校というのは、ぼくたちが毎日行って勉強をするところで……」

それは知っとる！

しかし、そんな行きちがいがたまにはありながらも、わからない人がいるかもしれないから説明しておこう、という姿勢を身につけさせるのは、とても大事なことである。

それをちゃんと配慮するようになった時こそ、その子は、文章を書くというのは、他人との間にコミュニケーションをとることなんだと意識できたのだ。わかってもらうために書いているんだと気がつき、わかるように書けるようになる。

作文は、伝わるかどうかの吟味をしながら書かなければならない。何を書いたっていいが、そのことだけは忘れてはいけないのだ。

「弟」という作文を書いた子は、その辺のことがわかっていて、ちゃんと配慮できるから優秀なのである。

第30回　発表の場を作ってやる

あなたが星一徹となってわが子の作文を指導してやろう、という主旨で、この本を書いてきた。

この本を読み終えたら、お父さんお母さんが作文を通してわが子と関わっていくことを、ぜひ始めてほしいものだと思う。いろいろと指導のノウハウを並べてきたが、あまり細かいことにとらわれることはない。とにかく、お子さんの作文を読んでやることだ。必ずちゃんと読んで、ここはいい、とほめてやる。子供にとって、親が自分のほうを見てくれている、というぐらい安心なことはないのだ。それだけで心がのびやかになり、成長のきっかけになる。おまけに、しばしばほめられるなら、きっといい気分になり、作文を書くことが好きになる。好きになることこそ、上達の始まりである。

原点に立ち返って考えてみると、普通の人間は自分を表現することが好きなのだ。自分のことを他者に伝えるのは、自分がより大きく存在していることになって快感なのである。だからどんな人にも自己表現欲がある。

新聞や雑誌の投稿ページにあんなにも投稿があり、壁の落書きがあり、ラジオ番組には聴取者からのお便りがあり、インターネットのホームページには素人の研究発表があり、ブログに日記を書いて公開する。すべて、自分を表現したいからである。

それなのに子供の多くが作文を書くのが好きではないのはどうしてか、である。自分のことをひとに伝えるはずのものが、作文、となったとたんに、気の重いいやなものになるのだ。そこにあるいやな要素を取り除いてやるのが、親のしてやるべきことである。

勉強として書いているんだ、という要素をなくそう。いい子ぶって正しいことを書かなきゃいけない、というふうに追いつめるのはよそう。うまく書かないと笑われる、という心配はなくしてやろう。

大いに楽しんで書けばいいんだと子供を導いてやるのだ。子供の作文を機嫌よく読んでやり、笑ったり感心したりしてやればいい。

そして、できればこういうことをしてやってほしい。子供の書いた作文の、発表の場を作ってやるのだ。

これは、作文コンクールに応募させるということではない。いきなりそんな大勝負に出ても、うまくいく確率は低いのだから。それに、コンクールへの応募は勉強色が強くて重荷になりそうだ。

そうではなくて、お子さんの作文を他人の目に触れるところへ出してやるのである。ぼくの書いた作文が活字になって印刷されている、という刺激を与えるわけだ。

言うまでもないことだが、それは子供に限ったことではなく、大人だって嬉しくなるようなことなのだ。自分の書いたものが他人の目に触れるのか、と思うとがぜんやる気が出てくる。文章を書く以上は、みんなに読まれたいという願望があるに決まっているのだから。だから子供の作文の、発表媒体を作ってやろう。

ちょっと面倒なことではある。無名の子供の作文を発表する場なんて、普通に考えればないのだから。

しかし、近頃は普通のなんでもない人が、自分を発表できる場が増えているではないか。活字で印刷されるのが気持いい、という刺激は昔からあったのだが、今はワープロのおかげで、一見活字で印刷したかに見える美しい文書が誰にだって作れるようになっている。ワープロで作文の載った冊子を作ってやることは可能なのだ。

お子さんのクラスメートたちの作文を集めた一冊にしてみるのもいい。会社内に、あなた以外にも作文親父がいるのなら、その一家と組んで一冊出すのもいいだろう。あなたの家の××家通信を、横に広げてみる試みだ。

また、ホームページでもいい。あなたがホームページを作成し、その中に子供の作文コーナーを作るのだ。そこに紹介されるのか、と思えば子供にも書きがいがあるってものだ。

回覧板の中に混じっている〈児童館便り〉のようなものに、子供の作文を毎回ひとつ載せましょう、という話を児童館の人に持ちかけてもいい。方法はいろいろあるだろうから何か工夫して、わが子の作文を公《おおやけ》にしてやるのだ。作文親父たる者は、時には飛雄馬の敵にまわったこともある星一徹の如く、子の成長のための刺激になってやってほしい。おそらくそれは、面白い遊びでもあるはずである。

面倒なことを提案しているのはわかっているが、親はそんな面倒なことでも子供のためにしてやるもので、そこには喜びがあるのだから。

さて、読むのが楽しかった子供の作文を、また紹介しよう。心の躍動が伝わってくるいい作文である。

シュートが入った！

六年生　女子

土曜日、バスケットの練習試合があった。しかし、前の時の試合のスタートメンバーの一人がカゼで休んだのだった。すると……、その人のかわりは、私か下里さん（しもちゃん）だ。（中略）

そして土曜日、まあうんがいいというか、実力というかはわからないが、一人カゼで休んで私がスタートメンバーになった。

先生に指定される時、私か、しもちゃんか……、と思いながらドキドキしていると、ピッと私をさして「はい、××さん」と最後にいってくれた。

私は、このチャンス！　のがしてなるものかと、はりきってコートに入った。4番、キャプテンの「のり」や五年生でもすごくうまい「えりちゃん」とやるのは、いままでほけつだった私にとって、ちょっとやりにくかった。でも前半は、ヘルドボール（とり合いで、ジャンプボールにすること）にして、センター（一番せが高くて、ゴール下でジャンプシュートをする人）にわたして、その人がシュートもして入った。ミスもとくに目立ちはしなかった。

後半、メンバーチェンジもないまま、はじめの五人が出た。もちろん、その中に私もいた。

六分ぐらいたったころ、「のり」がヘルドボールにもちこんだ。ジャンプボールの場所は相手ゴールにもっとも近い円だった。だからこそだろうか、「のり」はごかくの勝負で、センターになんとかおくってその時、パッと自分のゴールに走った私にパスをくれた。その時、私は前にだれもいないのをたしかめて、そっこうに入った。ディフェンスにおいつかれないように、強く速いドリブルで、レイアップシュートをうった。ボールはリングの上でドンドンおどった。みんながゴールをみていた。その時、私は、はいって、はいってくれないと！　と心の中でねがっていた。スポッと音がして、ボールはうまいぐあいにあみに入ってくれた。

これまでも二軍として試合に出たことはあったけど、シュートが決まったのは初めてだった。

ボールがリングの上でドンドンおどった、というのはドラマチックな表現である。そして、その時の心の中の思いが書いてあるのだが、実はその文章は最初に書いた作文の行のすきまに、小さな字で書いて加えたものである。

ここには私の、はいってくれ、という願いを書いたほうが作文としてよくなる、とこの子は考えたのだ。まさしくそれが書いてあるせいで感動的になっている。子供の作文はこんなにも素敵なものだと、多くの人に知ってもらいたいものだ。

おわりに

本書にまとまることになる連載を、「週刊現代」でやっている時、編集部の人たちの反響が思いがけなく大きいことに驚いた。編集部に、あの通りにわが子に作文指導を始めた者が何人もいます、なんて言ってくれるのだ。そしてある人は、こういう話をしてくれた。

「『ことばで遊ばせろ』の回に、子供はしりとりが大好きだ、とあったので、うちの子とやってみたんです。そうしたらすごく楽しがって、それから毎晩つきあわされてます。そして、これまでは母親と寝る、という子だったのに、今は、しりとりがしたいからお父さんと寝る、と言いだしまして」

とてもいいことである。ともすれば、仕事で忙しくて家族とのコミュニケーションも不足しがちなお父さんが、そんなふうに子供と接するようになるのは慶賀の至りだというぐらいのものである。

だから私は、私のこの仕事が、世のお父さんたちに、わが子への教育、ということへの情熱を少しでもかき立てたのなら、そんな嬉しいことはないな、と思った。

いや、もちろん本書を読むのがお父さんではなくて、お母さんであってもいいのだが。もしくは、教育関係の方に、指導の参考に読まれるようなことがあるのも、嬉しいことだと思っている。

だが、あなたも星一徹になりましょう、という語り口調を使ったことにより、本書は自然に、世のお父さんを意識したような作りになっている。会社のコピー機を使って、わが家の通信を作りましょう、なんていうプランも、お父さんの読者を頭に置いているからこそ自然に出てきたのだ。

そのことによって、お父さんたちの気を引くものが書けたのなら、思いがけない副産物ではないか、と思う。父親が、わが子の教育に関わろうと心を動かしているのだから。

妙なことを言うようだが、父親がもし本書を参考にして本当にわが子の作文を指導しはじめたら、私の書いている指導テクニックがいいか悪いかに関係なく、その子の作文はよくなるだろう。

なぜならば、その子にしてみれば、お父さんがぼくに、私に、関わってくれている、ということなのだから。親に関わられるほど子供にとって心の安らぐことはないのである。これまでより多くお父さんと言葉を交すようになれば、その子の心は安定し、リラックスした精神からは当然ながらいい作文が生まれる。

お母さんが、わが子の作文をとにかくほめまくるのもいい。お母さんはいつもあれこれ叱ってばかりいるけど、作文を読んでもらった時だけはほめてくれるから嬉しい、ということなら、いい作文が出てくるに決まっているのである。

つまりは、まず親子の、ほめる、教える、楽しむ、という関係を作るのが、何よりの教育法なのだ。

本書を、買ってみようかな、と思った時点で、あなたは一歩お子さんのほうに足を踏み出しかけている。どうかそのままお子さんのほうに接近して下さい。そうすれば必ずや、一年後には今よりずっと作文がうまくなっているのですから。

二〇〇五年秋　清水義範

講談社現代新書　1810

わが子《こ》に教《おし》える作《さく》文《ぶん》教《きょう》室《しつ》

二〇〇五年一〇月二〇日第一刷発行　二〇一八年一月一七日第四刷発行

著　者　清《し》水《みず》義《よし》範《のり》 © Yoshinori Shimizu 2005

発行者　鈴木　哲
発行所　株式会社講談社
東京都文京区音羽二丁目一二—二一　郵便番号一一二—八〇〇一
電　話　〇三—五三九五—三五二一　編集（現代新書）
〇三—五三九五—四四一五　販売
〇三—五三九五—三六一五　業務
装丁者　中島英樹
印刷所　凸版印刷株式会社
製本所　株式会社国宝社
定価はカバーに表示してあります　Printed in Japan

本書のコピー、スキャン、デジタル化等の無断複製は著作権法上での例外を除き禁じられています。本書を代行業者等の第三者に依頼してスキャンやデジタル化することはたとえ個人や家庭内の利用でも著作権法違反です。Ⓡ〈日本複製権センター委託出版物〉

複写を希望される場合は、日本複製権センター（〇三—三四〇一—二三八二）にご連絡ください。

落丁本・乱丁本は購入書店名を明記のうえ、小社業務あてにお送りください。

送料小社負担にてお取り替えいたします。

なお、この本についてのお問い合わせは、「現代新書」あてにお願いいたします。

N.D.C.816　214p　18cm
ISBN4-06-149810-X

「講談社現代新書」の刊行にあたって

教養は万人が身をもって養い創造すべきものであって、一部の専門家の占有物として、ただ一方的に人々の手もとに配布され伝達されうるものではありません。

しかし、不幸にしてわが国の現状では、教養の重要な養いとなるべき書物は、ほとんど講壇からの天下りや単なる解説に終始し、知識技術を真剣に希求する青少年・学生・一般民衆の根本的な疑問や興味は、けっして十分に答えられ、解きほぐされ、手引きされることがありません。万人の内奥から発した真正の教養への芽ばえが、こうして放置され、むなしく滅びさる運命にゆだねられているのです。

このことは、中・高校だけで教育をおわる人々の成長をはばんでいるだけでなく、大学に進んだり、インテリと目されたりする人々の精神力の健康さえもむしばみ、わが国の文化の実質をまことに脆弱なものにしています。単なる博識以上の根強い思索力・判断力、および確かな技術にささえられた教養を必要とする日本の将来にとって、これは真剣に憂慮されなければならない事態であるといわなければなりません。

わたしたちの「講談社現代新書」は、この事態の克服を意図して計画されたものです。これによってわたしたちは、講壇からの天下りでもなく、単なる解説書でもない、もっぱら万人の魂に生ずる初発的かつ根本的な問題をとらえ、掘り起こし、手引きし、しかも最新の知識への展望を万人に確立させる書物を、新しく世の中に送り出したいと念願しています。

わたしたちは、創業以来民衆を対象とする啓蒙の仕事に専心してきた講談社にとって、これこそもっともふさわしい課題であり、伝統ある出版社としての義務でもあると考えているのです。

一九六四年四月　野間省一

哲学・思想Ⅰ

66 哲学のすすめ——岩崎武雄
159 弁証法はどういう科学か 三浦つとむ
501 ニーチェとの対話——西尾幹二
871 言葉と無意識——丸山圭三郎
898 はじめての構造主義 橋爪大三郎
916 哲学入門一歩前——廣松渉
921 現代思想を読む事典 今村仁司 編
977 哲学の歴史——新田義弘
989 ミシェル・フーコー 内田隆三
1001 今こそマルクスを読み返す 廣松渉
1286 哲学の謎——野矢茂樹
1293 「時間」を哲学する——中島義道

1315 じぶん・この不思議な存在——鷲田清一
1357 新しいヘーゲル——長谷川宏
1383 カントの人間学——中島義道
1401 これがニーチェだ——永井均
1420 無限論の教室——野矢茂樹
1466 ゲーデルの哲学——高橋昌一郎
1575 動物化するポストモダン 東浩紀
1582 ロボットの心——柴田正良
1600 ハイデガー＝存在神秘の哲学——古東哲明
1635 これが現象学だ——谷徹
1638 時間は実在するか 入不二基義
1675 ウィトゲンシュタインはこう考えた 鬼界彰夫
1783 スピノザの世界——上野修

1839 読む哲学事典——田島正樹
1948 理性の限界——高橋昌一郎
1957 リアルのゆくえ——大塚英志 東浩紀
1996 今こそアーレントを読み直す——仲正昌樹
2004 はじめての言語ゲーム——橋爪大三郎
2048 知性の限界——高橋昌一郎
2050 超解読！ はじめてのヘーゲル『精神現象学』 竹田青嗣 西研
2084 はじめての政治哲学 小川仁志
2099 超解読！ はじめてのカント『純粋理性批判』 竹田青嗣
2153 感性の限界——高橋昌一郎
2169 超解読！ はじめてのフッサール『現象学の理念』——竹田青嗣
2185 死別の悲しみに向き合う——坂口幸弘
2279 マックス・ウェーバーを読む——仲正昌樹

A

哲学・思想Ⅱ

13 論語——貝塚茂樹
285 正しく考えるために 岩崎武雄
324 美について——今道友信
1007 日本の風景・西欧の景観——オギュスタン・ベルク 篠田勝英 訳
1123 はじめてのインド哲学 立川武蔵
1150 「欲望」と資本主義——佐伯啓思
1163 「孫子」を読む——浅野裕一
1247 メタファー思考——瀬戸賢一
1248 20世紀言語学入門 加賀野井秀一
1278 ラカンの精神分析——新宮一成
1358 「教養」とは何か——阿部謹也
1436 古事記と日本書紀 神野志隆光

1439 〈意識〉とは何だろうか 下條信輔
1542 自由はどこまで可能か 森村進
1544 倫理という力——前田英樹
1560 神道の逆襲——菅野覚明
1741 武士道の逆襲——菅野覚明
1749 自由とは何か——佐伯啓思
1763 ソシュールと言語学——町田健
1849 系統樹思考の世界——三中信宏
1867 現代建築に関する16章 五十嵐太郎
1875 日本を甦らせる政治思想 菊池理夫
2009 ニッポンの思想——佐々木敦
2014 分類思考の世界——三中信宏
2093 ウェブ×ソーシャル×アメリカ 池田純一

2114 いつだって大変な時代——堀井憲一郎
2134 いまを生きるための思想キーワード——仲正昌樹
2155 独立国家のつくりかた 坂口恭平
2164 武器としての社会類型論 加藤隆
2167 新しい左翼入門——松尾匡
2168 社会を変えるには——小熊英二
2172 私とは何か——平野啓一郎
2177 わかりあえないことから 平田オリザ
2179 アメリカを動かす思想 小川仁志
2216 まんが 哲学入門——森岡正博 寺田にゃんこふ
2254 教育の力——苫野一徳
2274 現実脱出論——坂口恭平
2290 闘うための哲学書——小川仁志 萱野稔人

世界の言語・文化・地理

958 英語の歴史——中尾俊夫
987 はじめての中国語——相原茂
1025 J・S・バッハ——礒山雅
1073 はじめてのドイツ語 福本義憲
1111 ヴェネツィア——陣内秀信
1183 はじめてのスペイン語 東谷穎人
1353 はじめてのラテン語 大西英文
1396 はじめてのイタリア語 郡史郎
1446 南イタリアへ!——陣内秀信
1701 はじめての言語学 黒田龍之助
1753 中国語はおもしろい 新井一二三
1949 見えないアメリカ——渡辺将人
1959 世界の言語入門——黒田龍之助
2052 なぜフランスでは子どもが増えるのか 中島さおり
2081 はじめてのポルトガル語 浜岡究
2086 英語と日本語のあいだ 菅原克也
2104 国際共通語としての英語 鳥飼玖美子
2107 野生哲学——管啓次郎 小池桂一
2108 現代中国「解体」新書——梁過
2158 一生モノの英文法——澤井康佑
2227 アメリカ・メディア・ウォーズ——大治朋子
2228 フランス文学と愛——野崎歓

日本史

心理・精神医学

知的生活のヒント

78 大学でいかに学ぶか 増田四郎
86 愛に生きる――鈴木鎮一
240 生きることと考えること 森有正
297 本はどう読むか――清水幾太郎
327 考える技術・書く技術――板坂元
436 知的生活の方法――渡部昇一
553 創造の方法学――高根正昭
587 文章構成法――樺島忠夫
648 働くということ――黒井千次
722 「知」のソフトウェア――立花隆
1027 「からだ」と「ことば」のレッスン 竹内敏晴
1468 国語のできる子どもを育てる――工藤順一
1485 知の編集術――松岡正剛
1517 悪の対話術――福田和也
1563 悪の恋愛術――福田和也
1620 相手に「伝わる」話し方 池上彰
1627 インタビュー術!――永江朗
1679 子どもに教えたくなる算数 栗田哲也
1684 悪の読書術――福田和也
1865 老いるということ――黒井千次
1940 調べる技術・書く技術――野村進
1979 回復力――畑村洋太郎
1981 日本語論理トレーニング――中井浩一
2003 わかりやすく〈伝える〉技術――池上彰
2021 新版 大学生のためのレポート・論文術――小笠原喜康
2027 地アタマを鍛える知的勉強法――齋藤孝
2046 大学生のための知的勉強術――松野弘
2054 〈わかりやすさ〉の勉強法――池上彰
2083 人を動かす文章術――齋藤孝
2103 アイデアを形にして伝える技術――原尻淳一
2124 デザインの教科書――柏木博
2147 新・学問のススメ――石弘光
2165 エンディングノートのすすめ――本田桂子
2187 ウェブでの〈伝わる〉文章の書き方――岡本真
2188 学び続ける力――池上彰
2198 自分を愛する力――乙武洋匡
2201 野心のすすめ――林真理子
2298 試験に受かる「技術」――吉田たかよし

趣味・芸術・スポーツ

620 時刻表ひとり旅――宮脇俊三
676 酒の話――小泉武夫
1025 J・S・バッハ――礒山雅
1287 写真美術館へようこそ――飯沢耕太郎
1371 天才になる!――荒木経惟
1404 踏みはずす美術史――森村泰昌
1422 演劇入門――平田オリザ
1454 スポーツとは何か――玉木正之
1510 最強のプロ野球論――二宮清純
1653 これがビートルズだ　中山康樹
1723 演技と演出――平田オリザ
1765 科学する麻雀――とつげき東北

1808 ジャズの名盤入門――中山康樹
1890 「天才」の育て方――五嶋節
1915 ベートーヴェンの交響曲――金聖響 玉木正之
1941 プロ野球の一流たち　二宮清純
1963 デジカメに1000万画素はいらない　たくきよしみつ
1970 ビートルズの謎――中山康樹
1990 ロマン派の交響曲――金聖響 玉木正之
2007 落語論――堀井憲一郎
2037 走る意味――金哲彦
2045 マイケル・ジャクソン――西寺郷太
2055 世界の野菜を旅する　玉村豊男
2058 浮世絵は語る――浅野秀剛
2111 ストライカーのつくり方――藤坂ガルシア千鶴

2113 なぜ僕はドキュメンタリーを撮るのか――想田和弘
2118 ゴダールと女たち　四方田犬彦
2132 マーラーの交響曲――金聖響 玉木正之
2161 最高に贅沢なクラシック　許光俊
2210 騎手の一分――藤田伸二
2214 ツール・ド・フランス　山口和幸
2221 歌舞伎　家と血と藝　中川右介
2256 プロ野球　名人たちの証言　二宮清純
2270 ロックの歴史――中山康樹
2275 世界の鉄道紀行――小牟田哲彦
2282 ふしぎな国道――佐藤健太郎
2296 ニッポンの音楽――佐々木敦

日本語・日本文化